उदासी
बाल खोले सो रही है

नासिर काज़मी

उदासी
बाल खोले सो रही है

नासिर काज़मी

rekhta
publications

rekhta
publications

रेख़्ता पब्लिकेशंस
बी-37, सेक्टर - 1, नोएडा
उत्तर प्रदेश - 201301
contact@rekhta.org । www.rekhta.org

उदासी बाल खोले सो रही है

नासिर काज़मी

ISBN : 978-81-944150-0-8

प्रथम संस्करण : 2020
पुनर्मुद्रण : 2024

मुद्रक : केंसिंग्टन प्रिंटिंग, नोएडा

आवरण एवं पुस्तक सज्जा
कपिल भारद्वाज, रेख़्ता

मूल्य : ₹249

नासिर काज़मी के क़रीबी दोस्तों

शैख़ सलाहुद्दीन, इन्तिज़ार हुसैन, मोहम्मद हनीफ़ रामे,

अहमद मुश्ताक़, सज्जाद बाक़र रिज़्वी और महबूब ख़िज़ाँ

के नाम

मैं क्यों लिखता हूँ

जब पहली बार मैंने ये पढ़ा कि ज़मीन गोल है तो मेरा दिल ख़ुशी से उछल पड़ा। ख़याल आया कि मेरी गेंद भी तो गोल है। ज़मीन भी गेंद है जिसे ख़ुदा ने अपने खेलने के लिए बनाया है, लेकिन फिर ये सोचा कि ख़ुदा किस के साथ खेलता होगा! अगर वो इन्सान की तरह जिस्म रखता है तो वो कितना बड़ा होगा! फिर उस खेल का मैदान कितना वसीअ-ओ'-अ'रीज़[1] होगा! ख़ुद ही गोल कीपर, ख़ुद ही टीम, ख़ुद ही खिलाड़ी और ख़ुद ही रेफ़री। अ'जीब खिलाड़ी है ख़ुदा। एक साथी ने कहा वो फ़रिश्तों के साथ खेलता है। एक ने कहा कि सूरज, चाँद और सितारे जिन्नात की गेंदें हैं। उस आस्मानी मख़्लूक़[2] और ख़ालिक़[3] की दरयाफ़्त[4] का शौक़ दिल में अ'जीब अ'जीब सवाल पैदा करता। ये आस्मान की रौशन गेंदें, दिन को रौशनी, रात को भी रौशनी। ग़रज़ हर वक़्त अंधेरे उजाले। दुनिया के बारे में नई नई बातें सूझतीं। जो गोल चीज़ देखता उस में दुनिया नज़र आती। मैं भी एक खिलाड़ी था लेकिन ऐसा खिलाड़ी जो हमेशा फाउल खेलता। मेरी मन्ज़िल 'मेरा गोल' मेरे साथियों से जुदा होता। मैदानी खेलों के क़ैद-ओ-बन्द[5] मुझे कभी अच्छे न लगे। अपना खेल, अपना मैदान और अपनी हार जीत सब से अलग थे। जब भी मौक़ा' मिलता मैं ऐ'न[6] खेल के वक़्त फुटबाल की हवा निकाल देता और दिल ही दिल में ये सोच कर हैरान होता कि एक दिन दुनिया का यही अन्जाम होगा।

हर बदलते मौसम के साथ नई नई रौशनियाँ उभरतीं, नए नए खेल सूझते, हर त्यौहार और हर मैले और रस्मों में दिल डूब डूब जाता। होली आती तो रंग उछालते, दीवाली आती तो दीवे चुराते और दीवारों

1 लम्बा-चौड़ा 2 सृष्टि, रचना 3 रचयिता 4 खोज 5 बंधन 6 बिल्कुल

पर रौशन करते। दसहरा आता तो रावण बनाते और जलाते। ई 'द, शब-ए-बरात, ग़रज़ हर समय का साथ देना एक फ़र्ज़-ए-मुक़द्दस[1] था। शब-ए-बरात आती तो आतिश-बाज़ियाँ छूटतीं। मैं अपने घर में ख़ुद अनार बनाता, पोटाश की गोलियाँ भरता। शब-ए-बरात से दिनों पहले रुई के खेत से बाड़ी की छड़याँ तोड़ लाता। उसका कोयला बनाता। गंधक, शोरा बाज़ार से लाता। अलमोनियम, लोहा, ताँबे और पीतल को रेती से घिस-घिस कर लोह चून बनाता, फिर वो अनार बनते कि दुनिया देखती और हम गाते।

खिलौने तोड़ने-फोड़ने में बड़ी लज़्ज़त मिलती। घर में अपने सिवा कोई दूसरा बच्चा न था। खिलौने बेशुमार और खेलने वाला एक। ख़ुदा आस्मान पर तन्हा और मैं ज़मीन पर तन्हा, लेकिन इस तन्हाई में एक ख़ास क़िस्म की मा 'सूमियत, हैरत और शान थी। तबीअ 'त ईजाद[2] और तख़्लीक़[3] की तरफ़ माइल[4] हो गई। खिलौनों की नगरी में तन्हा खेलने वाला - एक तरफ़ झूले में मोम की सोती जागती गुड़िया झूलती तो, एक तरफ़ ग्रामोफ़ोन इस तन्हाई का तिलिस्म तोड़ता।

मेरे कमरे में तरह तरह के खिलौने मौजूद होते। घोड़े की गर्दन तोड़ कर कुत्ते के धड़ के साथ और ऊँट की गर्दन तोड़ कर घोड़े के धड़ के साथ लगा देता। आस-पास के बच्चे परेशान होते और इस तरह बहुत से बच्चे मेरे गिर्द जमा' हो गए। दो चार बच्चे ऐसे थे कि उन्हें मेरी ये अदा बहुत भाई। वो भी अपने खिलौने तोड़ने लगे, इस पर उन्हें मार पड़ती तो वो मेरे पास रोते रोते आते। बा 'ज़[5] बच्चे ग़रीब थे। इस लिए वो अपने खिलौने संभाल कर रखते। मैं उन्हें खिलौना देता। जिन बच्चों के पास खिलौने न होते, उनकी इस बेमाइगी[6] पर मेरा दिल बहुत

1 पवित्र कर्तब्य 2 आविष्कार 3 रचना 4 आकृष्ट 5 कुछ 6 निर्धनता

रोता। अपनी ख़ुशहाली बुरी लगती, जी चाहता बाप की सारी दौलत के खिलौने ख़रीद लूँ और यारों में बाँट दूँ।

खिलौने तोड़ने पर मैंने भी कई बार मार खाई। अब्बा जी की जैबी घड़ी जब भी हाथ लगती उसे उलटी सीधी चाबी दे कर वक़्त की गर्दिश[1] को वहीं रोक देता। वक़्त का इस सुरअ'त[2] से गुज़रना शाक़[3] गुज़रता, जी चाहता कि मैं भी साथ चलूँ। हर लम्हा गुज़रता और कान में कहता "मैं जा रहा हूँ"। घड़ी बन्द कर के मैं ख़ुश होता कि अब कहाँ जाएगा ये लम्हा। स्कूल में 'मिट्टी का मास्टर' की आँख बचा कर खिलौने मैं चुराता और नाम किसी और का लिया जाता। खिलौने मेरे पास होते लेकिन मार किसी और पड़ती। एक दफ़ा' नाना जान ने पूछा तुम खिलौने क्यों तोड़ते हो। मेरी आँखों में जैसे बिजलियाँ सी चमकने लगीं। हमारे घर के सेह्न[4] में नीम का एक बहुत पुराना दरख़्त[5] था जिसे कटवा दिया गया था। मैंने कहा इस दरख़्त को क्यों काटा? क्या मकान की कड़यों के लिए और लकड़ी न थी। नाना मुझे गोद में ले कर नाचने लगे। 75 बरस की बूढ़ी हड्डियों से एक राग फूटने लगा।

खेलों का ज़माना आया और गया और घोड़-सवारी का शौक़ समा गया। फिर ऐसा ज़माना आया कि सारे साथी बिछड़ गए। कोई मर गया, किसी ने नोकरी कर ली, कोई फ़ौज में भरती हो गया। कोई पागल हो गया और किसी ने ख़ुद-कुशी कर ली। अलबत्ता एक दो साथी ऐसे थे जो ज़िन्दगी के दूसरे शो'बों में आगे निकल गए। मैं फिर तन्हा रह गया। बिलकुल तन्हा। लेकिन अब मेरी तन्हाई बचपन की यादों के ख़ज़ानों से भरपूर थी लेकिन फिर भी उदास रहता। दुनिया अंधेर नज़र आती। इस अंधेरे के एहसास ने बिजली ईजाद की। ख़यालों ने अपने

1 चाल, चक्र 2 तेज़ी 3 असह्य 4 आँगन 5 पेड़

हम-जिन्स[1] और हम-ज़ाद[2] तलाश कर लिए। किताबें बहुत कम पढ़ीं और ऐसी किताब पढ़नी शुरूअ' की जिसे आज तक ख़त्म नहीं किया। बचपन की कहानियाँ, पहेलियाँ, लोरियाँ फ़ित्रत[3] के मज़ाहिर में नज़र आने लगीं। सोच ने नए रिश्ते तलाश किए।

जो नग़मे[4], जो लोक गीत और लोरियाँ बचपन में सुनी थीं, अब अपने गले में फूटने लगीं। जज़्बात लफ़्ज़ों की मालाओं में गूँधने लगे। इन लफ़्ज़ों की तर्तीब[5] के पीछे अज़ान की आवाज़ का शिक्वा[6] और लोरियों का रस भी होता। ख़यालात मौज़ूँ[7] अल्फ़ाज़ में अदा होने लगे। क़ुदरत ने गले में सोज़[8] की एक पत्ती रख दी थी। मेरी आवाज़ में बड़ा दुख था और मैं दिन रात इसी आवाज़ के आहंग[9] में सरशार[10] रहता। तन्हाई को यादों के खिलौने मिल गए। शुऊ'र[11] इन खिलौनों को भी तोड़ने लगा। इन्हीं यादों और तज्रबों[12] में अपनी आवाज़ की रूह फूँकता हूँ और अपने अफ़्कार[13] के हमज़ाद मैंने इसी आवाज़ के ज़रिए क़ाबू किए हैं। माज़ी[14] मेरे लिए हमेशा ज़िन्दा है लकिन मैं इसमें खो नहीं जाता बल्कि तज्रबे और वक़्त के साथ साथ उससे नए नए पैकर[15] तराश्ता हूँ। पहले पहल रंगों पर दिल धड़कने लगा। मुसव्वरी[16] शुरूअ' की लेकिन जी मेहनत से कतराता था, इस लिए रंग बेआवाज़ रहे और गूँगे रंग मेरी तन्हाइयों में शरीक न हो सके। रंग फेंक दिए, केनवस फाड़ दिए और सारंगी ख़रीद ली। उस्ताद अ'ब्दुल अ'ज़ीज़ जैसे माया-नाज़[17] साज़िन्दे से ज़िला' जुगत का सबक़ लिया। लेकिन तलव्वुन[18] ये चाहता था कि सुर का देवता एक दम में क़ाबू आ जाए। एक दिन बेज़ार हो कर मैंने सारंगी फ़र्श पर दे मारी। इस वक़्त सारंगी से जो आवाज़ निकली वो बहुत दर्दनाक थी। संगीत की देवी रूठ गई और उड़ गई।

1 एक स्वभाव वाला 2 साथ पैदा होने वाला 3 प्रकृति 4 गीत 5 क्रम 6 शिकायत 7 उचित 8 दुख की जलन 9 लय 10 मस्त 11 चेतना 12 अनुभव 13 विचारों 14 अतीत 15 आकृति 16 चित्रकला 17 सम्मानित 18 अस्थिरता, जल्दबाजी

ज़िन्दगी बसर करने के लिए नान-ओ-नमक ज़रूरी है, जिसे हासिल करने के लिए हजार ज़रिए"[1] हो सकते हैं लेकिन फ़नकार बनने के लिए हवास[2] की तस्ख़ीर[3] ज़रूरी है। ज़िन्दगी बसर करने के लिए नान-ओ-नमक, कपड़ा लत्ता और सर छुपाने को ठिकाना काफ़ी है। शाइ'री, मुसव्विरी, मौसीक़ी और संग-तराशी[4] की क्या ज़रूरत है। बात ये है कि ये तमाम फ़ुनून[5] कल्चर के अ'नासिर[6] हैं। कोई तहज़ीब[7] उनके बग़ैर ज़िन्दा नहीं रह सकती। जदीद[8] दुनिया का सब से बड़ा कारनामा यही है कि उसने फित्रत को एक हद तक तस्ख़ीर कर लिया है लेकिन फ़ित्रत और इन्सान की लड़ाई अज़ल[9] से जारी है। इस लड़ाई के पीछे एहसास-ए-जमाल[10] है। तमाम फ़ुनून मिल कर एहसास-ए-जमाल पैदा करते हैं और इस एहसाास के हज़[11] ने इन्सान को इम्तियाज़[12] दिया है, ख़ालिक़[13] का मर्तबा दिया है। मैंने शाइ'री को इस लिए अपनाया है कि मैंने ज़िन्दगी बसर करने के लिए कुछ उसूल वज़्अ"[14] किए हैं। इन उसूलों को जिस्म देने के लिए मैंने यही रास्ता बेहतर समझा है। इज़्हार[15] के लिए ज़बान की ज़रूरत है और ये इज़्हार रंग और आवाज़ के साथ साथ ज़बान का मुहताज है। इस फ़न की इ'मारत खड़ी करने के लिए मुझे फ़ित्रत की तख़्रीबी[16] क़ुव्वतों[17] से मुक़ाबला करना है। इस ता'मीर[18] के लिए तोड़-फोड़ भी ज़रूरी है। ख़याल की तख़्लीक़ बग़ावत चाहती है। हर शय से बग़ावत। और ये बग़ावत एक बहुत बड़ी ता'मीर की अमीन[19] है।

नासिर काज़मी

1 माध्यम 2 इंद्रियाँ 3 जीतना 4 मूर्तिकला 5 कलाएँ 6 अवयव 7 सभ्यता 8 आधुनिक 9 आदिकाल 10 सौंदर्य-बोध 11 आनंद 12 विशिष्टता 13 रचनाकार 14 बनाना 15 अभिव्यक्ति 16 विघटनकारी 17 शक्तियाँ 18 निर्माण 19 संरक्षक

फ़ेह्‌रिस्त

'पहली बारिश' से

ग़ज़लें

तिरे ख़याल से लौ दे उठी है तन्हाई
शब-ए-फ़िराक़[1] है या तेरी जल्वा-आराई[2]

1 वियोग की रात 2 रौशन उपस्थिति

तू किस ख़याल में है मन्ज़िलों के शैदाई[1]
उन्हें भी देख जिन्हें रास्ते में नींद आई

1 प्रेमी

ठहर गए हैं सर-ए-राह[1] ख़ाक उड़ाने को
मुसाफ़िरों को न छेड़ ऐ हवा-ए-सहराई[2]

1 रास्ते में 2 रेगिस्तानी हवा

ये सानेहा[1] भी मोहब्बत में बार-हा[2] गुज़रा
कि उसने हाल भी पूछा तो आँख भर आई

1 दुर्घटना 2 बार-बार

दिल-ए-फ़सुर्दा[1] में फिर धड़कनों का शोर उठा
ये बैठे बैठे मुझे किन दिनों की याद आई

1 उदास दिल

खुली जो आँख तो कुछ और ही समाँ[1] देखा
वो लोग थे न वो जल्से न शहर-ए-रानाई[2]

1 दृश्य 2 सौंदर्य का नगर

फिर उसकी याद में दिल बे-क़रार[1] है 'नासिर'
बिछड़ के जिस से हुई शहर शहर रुस्वाई

1 व्याकुल

गिरफ़्ता-दिल[1] हैं बहुत आज तेरे दीवाने
ख़ुदा करे कोई तेरे सिवा न पहचाने
1 दुखी

मिटी मिटी सी उमीदें थके थके से ख़याल
बुझे बुझे से निगाहों में ग़म के अफ़्साने[1]
1 कथाएँ

हज़ार शुक्र कि हमने ज़बाँ से कुछ न कहा
ये और बात कि पूछा न अह्ल-ए-दुनिया[1] ने
1 दुनिया वाले

ब-क़द्र-ए-तिश्ना-लबी[1] पुर्सिश-ए-वफ़ा[2] न हुई
छलक के रह गए तेरी नज़र के पैमाने
1 होंठों के प्यास के मुताबिक़ 2 प्रेम की ख़ातिर-दारी

ख़याल आ गया मानूस[1] रहगुज़ारों[2] का
पलट के आ गए मन्ज़िल से तेरे दीवाने
1 परिचित 2 रास्ते

कहाँ है तू कि तिरे इन्तिज़ार में ऐ दोस्त
तमाम रात सुलगते हैं दिल के वीराने

उमीद-ए-पुर्सिश-ए-ग़म[1] किससे कीजिए 'नासिर'
जो अपने दिल पे गुज़रती है कोई क्या जाने
1 दुखों का हाल पूछे जाने की आशा

किसी कली ने भी देखा न आँख भर के मुझे
गुज़र गई जरस[1]-ए-गुल[2] उदास कर के मुझे

1 कारवाँ की घंटियों की आवाज़ 2 फूल

मैं सो रहा था किसी याद के शबिस्ताँ[1] में
जगा के छोड़ गए क़ाफ़िले सहर[2] के मुझे

1 शयनगृह 2 सुब्ह

मैं रो रहा था मुक़द्दर[1] की सख़्त राहों में
उड़ा के ले गए जादू तिरी नज़र के मुझे

1 क़िस्मत

मैं तेरे दर्द की तुग़्यानियों[1] में डूब गया
पुकारते रहे तारे उभर उभर के मुझे

1 बाढ़

तिरे फ़िराक़[1] की रातें कभी न भूलेंगी
मज़े मिले उन्हीं रातों में उ'म्र भर के मुझे

1 दुनिया के दुख

ज़रा सी देर ठहरने दे ऐ ग़म-ए-दुनिया[1]
बुला रहा है कोई बाम[2] से उतर के मुझे

1 दुनिया के दुख 2 छत, ऊँचाई

फिर आज आई थी इक मौजा-ए-हवा-ए-तरब[1]
सुना गई है फ़साने इधर उधर के मुझे

1 ख़ुशियों की हवा का झोंका

होती है तेरे नाम से वहशत[1] कभी कभी
बर्हम[2] हुई है यूँ भी तबीअत कभी कभी

1 उलझन 2 अस्त-व्यस्त

ऐ दिल किसे नसीब ये तौफ़ीक़[1]-ए-इज्तिराब[2]
मिलती है जिन्दगी में ये राहत[3] कभी कभी

1 ईश्वर की देन 2 व्याकुलता 3 चैन, आसाम

जोश-ए-जुनूँ में दर्द की तुग़्यानियों[1] के साथ
अश्कों में ढल गई तिरी सूरत कभी कभी

1 बाढ़

तेरे क़रीब रह के भी दिल मुतमइन[1] न था
गुज़री है मुझ पे ये भी क़यामत कभी कभी

1 संतुष्ट

कुछ अपना होश था न तुम्हारा ख़याल था
यूँ भी गुज़र गई शब-ए-फ़ुर्क़त[1] कभी कभी

1 वियोग की रात

ऐ दोस्त हमने तर्क-ए-मोहब्बत[1] के बावजूद
महसूस की है तेरी ज़रूरत कभी कभी

1 प्रेम-विच्छेद

मैं हूँ रात का एक बजा है
ख़ाली रस्ता बोल रहा है

आज तो यूँ ख़ामोश है दुनिया
जैसे कुछ होने वाला है

कैसी अँधेरी रात है देखो
अपने आप से डर लगता है

आज तो शहर की रविश-रविश[1] पर
पत्तों का मेला सा लगा है

1 रस्ते-रस्ते

आओ घास पे सभा जमाएँ
मय-ख़ाना[1] तो बन्द पड़ा है

1 शराब-ख़ाना

फूल तो सारे झड़ गए लेकिन
तेरी याद का ज़ख़्म हरा है

तूने जितना प्यार किया था
दुख भी मुझे उतना ही दिया है

ये भि है एक तरह की मोहब्बत
मैं तुझसे तू मुझसे जुदा है

ये तिरी मन्ज़िल वो मिरा रस्ता
तेरा मेरा साथ ही क्या है

मैंने तो इक बात कही थी
क्या तू सच-मुच रूठ गया है

ऐसा गाहक कौन है जिसने
सुख दे कर दुख मोल लिया है

तेरा रस्ता तकते तकते
खेत गगन का सूख चला है

खिड़की खोल के देख तो बाहर
देर से कोई शख़्स खड़ा है

सारी बस्ती सो गई 'नासिर'
तू अब तक क्यों जाग रहा है

आराइश-ए-ख़याल[1] भी हो दिल-कुशा[2] भी हो
वो दर्द अब कहाँ जिसे जी चाहता भी हो

1 विचारों की सजावट 2 मनमोहक

ये क्या कि रोज़ एक सा ग़म एक सी उमीद
इस रन्ज-ए-बे-ख़ुमार[1] की अब इन्तिहा[2] भी हो

1 नशे से रहित दुख 2 अंत

ये क्या कि एक तौर से गुज़रे तमाम उ'म्र
जी चाहता है अब कोई तेरे सिवा भी हो

टूटे कभी तो ख़्वाब-ए-शब-ओ-रोज़[1] का तिलिस्म[2]
इतने हुजूम[3] में कोई चेहरा नया भी हो

1 रात और दिन का स्वप्न / नींद 2 जादू 3 भीड़

दीवानगी-ए-शौक़[1] को ये धुन है इन दिनों
घर भी हो और बे-दर-ओ-दीवार[2] सा भी हो

1 प्रेम का उन्माद 2 दरवाज़े और दीवारों की बिना

बैठा है एक शख़्स मिरे पास देर से
कोई भला सा हो तो हमें देखता भी हो

बज़्म-ए-सुख़न[1] भी हो सुख़न-ए-गर्म[2] के लिए
ताऊस[3] बोलता हो तो जंगल हरा भी हो

1 काव्य-गोष्ठी 2 आवेशपूर्ण बातचीत / शाइ'री 3 मोर

गली गली मिरी याद बिछी है प्यारे रस्ता देख के चल
मुझ से इतनी वहशत[1] है तो मेरी हदों से दूर निकल

1 भय

एक समय तिरा फूल सा नाजुक हाथ था मेरे शानों[1] पर
एक ये वक़्त कि मैं तन्हा और दुख के काँटों का जंगल

1 कंधों

याद है अब तक तुझसे बिछड़ने की वो अँधेरी शाम मुझे
तू ख़ामोश खड़ा था लेकिन बातें करता था काजल

मैं तो एक नई दुनिया की धुन में भटकता फिरता हूँ
मेरी तुझसे कैसे निभेगी एक हैं तेरे फ़िक्र-ओ-अ'मल[1]

1 चिंतन और कर्म

मेरा मुँह क्या देख रहा है देख इस काली रात को देख
मैं वही तेरा हमराही हूँ साथ मिरे चलना हो तो चल

कुछ यादगार-ए-शह्र-ए-सितमगर[1] ही ले चलें
आए हैं इस गली में तो पत्थर ही ले चलें

1 अत्याचारी के नगर की यादगार

यूँ किस तरह कटेगा कड़ी धूप का सफ़र
सर पर ख़याल-ए-यार[1] की चादर ही ले चलें

1 महबूब की याद

रन्ज-ए-सफ़र[1] की कोई निशानी तो पास हो
थोड़ी सी ख़ाक-ए-कूचा-ए-दिलबर[2] ही ले चलें

1 यात्रा का कष्ट 2 मा'शूक़ की गली की मिट्टी

ये कह के छेड़ती है हमें दिल-गिरफ़्तगी[1]
घबरा गए हैं आप तो बाहर ही ले चलें

1 उदासी, दुखी होना

इस शह्र-ए-बे-चराग़[1] में जाएगी तू कहाँ
आ ऐ शब-ए-फ़िराक़[2] तुझे घर ही ले चलें

1 अंधेरा शहर 2 वियोग की रात

नए कपड़े बदल कर जाऊँ कहाँ और बाल बनाऊँ किस के लिए
वो शख़्स[1] तो शहर ही छोड़ गया मैं बाहर जाऊँ किस के लिए
1 व्यक्ति

जिस धूप की दिल में ठंडक थी वो धूप उसी के साथ गई
इन जलती बलती गलियों में अब ख़ाक उड़ाऊँ किस के लिए

वो शहर में था तो उसके लिए औरों से भी मिलना पड़ता था
अब ऐसे-वैसे लोगों के मैं नाज़[1] उठाऊँ किस के लिए
1 अभिमान, नख़रा

अब शहर में उसका बदल ही नहीं कोई वैसा जान-ए-ग़ज़ल[1] ही नहीं
ऐवान-ए-ग़ज़ल[2] में लफ़्ज़ों के गुल-दान सजाऊँ किस के लिए
1 ग़ज़ल की जान 2 ग़ज़ल का महल

मुद्दत से कोई आया न गया सुनसान पड़ी है घर की फ़ज़ा[1]
इन ख़ाली कमरों में 'नासिर' अब शम्अ' जलाऊँ किस के लिए
1 वातावरण

दयार-ए-दिल[1] की रात में चराग़ सा जला गया
मिला नहीं तो क्या हुआ वो शक्ल तो दिखा गया
1 दिल की बस्ती

वो दोस्ती तो ख़ैर अब नसीब-ए-दुश्मनाँ[1] हुई
वो छोटी छोटी रन्जिशों[2] का लुत्फ़ भी चला गया
1 दुश्मनों का भाग्य 2 मनमुटाव

जुदाइयों के ज़ख़्म दर्द-ए-ज़िन्दगी[1] ने भर दिए
तुझे भी नींद आ गई मुझे भी सब्र[2] आ गया
1 ज़िन्दगी के दर्द 2 धैर्य

पुकारती हैं फ़ुर्सतें कहाँ गईं वो सोहबतें[1]
ज़मीं निगल गई उन्हें कि आस्मान खा गया
1 संगतें

ये सुब्ह की सफ़ेदियाँ ये दोपहर की ज़र्दियाँ[1]
अब आइने में देखता हूँ मैं कहाँ चला गया
1 पीलापन

ये किस ख़ुशी की रेत पर ग़मों को नींद आ गई
वो लहर किस तरफ़ गई ये मैं कहाँ समा गया

गए दिनों की लाश पर पड़े रहोगे कब तलक
अलम-कशो[1] उठो कि आफ़्ताब[2] सर पे आ गया
1 दुख झेलने वालो 2 सूरज

दिल में और तो क्या रक्खा है
तेरा दर्द छुपा रक्खा है

इतने दुखों की तेज़ हवा में
दिल का दीप जला रक्खा है

धूप से चेहरों ने दुनिया में
क्या अंधेर मचा रक्खा है

इस नगरी के कुछ लोगों ने
दुख का नाम दवा रक्खा है

वा'दा-ए-यार की बात न छेड़ो
ये धोका भी खा रक्खा है

भूल भी जाओ बीती बातें
इन बातों में क्या रक्खा है

चुप चुप क्यों रहते हो 'नासिर'
ये क्या रोग लगा रक्खा है

गए दिनों का सुराग़[1] लेकर किधर से आया किधर गया वो
अ'जीब मानूस[2] अजनबी था मुझे तो हैरान कर गया वो
1 पता 2 परिचित

बस एक मोती सी छब[1] दिखा कर बस एक मीठी सी धुन सुना कर
सितारा-ए-शाम[2] बन के आया ब-रंग-ए-ख़्वाब-ए-सहर[3] गया वो
1 छवि 2 शाम का सितारा 3 सुब्ह के सपने की तरह

ख़ुशी की रुत हो कि ग़म का मौसम नज़र उसे ढूँडती है हर दम
वो बू-ए-गुल[1] था कि नग़मा-ए-जाँ[2] मिरे तो दिल में उतर गया वो
1 फूलों की सुगंध 2 प्राण गीत

न अब वो यादों का चढ़ता दरिया न फ़ुर्सतों की उदास बरखा
युँही ज़रा सी कसक है दिल में जो ज़ख़्म गहरा था भर गया वो

कुछ अब सँभलने लगी है जाँ भी बदल चला दौर-ए-आस्माँ[1] भी
जो रात भारी थी टल गई है जो दिन कड़ा था गुज़र गया वो
1 समय चक्र

बस एक मन्ज़िल है बुल-हवस[1] की हज़ार रस्ते हैं अह्ल-ए-दिल[2] के
यही तो है फ़र्क़ मुझ में उसमें गुज़र गया मैं ठहर गया वो
1 वासना ग्रस्त लोग 2 दिल वाले

शिकस्ता-पा[1] राह में खड़ा हूँ गए दिनों को बुला रहा हूँ
जो क़ाफ़िला मेरा हम-सफ़र[2] था मिसाल-ए-गर्द-ए-सफ़र[3] गया वो
1 टूटा पाँव लिए, निःसहाय 2 सहयात्री 3 यात्रा की धूल की तरह

मिरा तो ख़ूँ हो गया है पानी सितमगरों[1] की पलक न भीगी
जो नाला[2] उट्ठा था रात दिल से न जाने क्यों बे-असर गया वो

1 अत्याचारियों 2 कुंदन

वो मय-कदे[1] को जगाने वाला वो रात की नींद उड़ाने वाला
ये आज क्या उसके जी में आई कि शाम होते ही घर गया वो

1 शराबख़ाने

वो हिज्र[1] की रात का सितारा वो हम-नफ़स[2] हम-सुख़न[3] हमारा
सदा रहे उसका नाम प्यारा सुना है कल रात मर गया वो

1 वियोग 2 दोस्त 3 साथ में बातचीत करने वाला

वो जिस के शाने[1] पे हाथ रख कर सफ़र किया तूने मन्ज़िलों का
तिरी गली से न जाने क्यों आज सर झुकाए गुज़र गया वो

1 कंधे

वो रात का बे-नवा[1] मुसाफ़िर वो तेरा शाइ'र वो तेरा 'नासिर'
तिरी गली तक तो हमने देखा था फिर न जाने किधर गया वो

1 ख़ामोश

निय्यत-ए-शौक़[1] भर न जाए कहीं
तू भी दिल से उतर न जाए कहीं

1 चाहत की लालसा

आज देखा है तुझ को देर के बा'द
आज का दिन गुज़र न जाए कहीं

न मिला कर उदास लोगों से
हुस्न तेरा बिखर न जाए कहीं

आरज़ू[1] है कि तू यहाँ आए
और फिर उ'म्र भर न जाए कहीं

1 कामना

जी जलाता हूँ और सोचता हूँ
रायगाँ[1] ये हुनर न जाए कहीं

1 व्यर्थ

आओ कुछ देर रो ही लें 'नासिर'
फिर ये दरिया उतर न जाए कहीं

दिल में इक लह्र सी उठी है अभी
कोई ताज़ा हवा चली है अभी

कुछ तो नाज़ुक-मिज़ाज हैं हम भी
और ये चोट भी नई है अभी

शोर बर्पा[1] है ख़ाना-ए-दिल[2] में
कोई दीवार सी गिरी है अभी

1 होना 2 दिल का घर

भरी दुनिया में जी नहीं लगता
जाने किस चीज़ की कमी है अभी

याद के बे-निशाँ जज़ीरों[1] से
तेरी आवाज़ आ रही है अभी

1 द्वीपों

शह्र की बे-चराग़ गलियों में
ज़िन्दगी तुझको ढूँडती है अभी

वक़्त अच्छा भी आएगा 'नासिर'
ग़म न कर ज़िन्दगी पड़ी है अभी

तिरे आने का धोका सा रहा है
दिया सा रात भर जलता रहा है

अ'जब है रात से आँखों का आ'लम[1]
ये दरिया रात भर चढ़ता रहा है

1 हाल

सुना है रात भर बरसा है बादल
मगर वो शहर जो प्यासा रहा है

वो कोई दोस्त था अच्छे दिनों का
जो पिछली रात से याद आ रहा है

किसे ढूँढोगे इन गलियों में 'नासिर'
चलो अब घर चलें दिन जा रहा है

अपनी धुन में रहता हूँ
मैं भी तेरे जैसा हूँ

ओ पिछली रुत के साथी
अब के बरस मैं तन्हा हूँ

तेरी गली में सारा दिन
दुख के कंकर चुनता हूँ

मेरा दिया जलाए कौन
मैं तिरा ख़ाली कमरा हूँ

तेरे सिवा मुझे पहने कौन
मैं तिरे तन का कपड़ा हूँ

तू जीवन की भरी गली
मैं जंगल का रस्ता हूँ

आती रुत मुझे रोएगी
जाती रुत का झोंका हूँ

अपनी लहर है अपना रोग
दरिया हूँ और प्यासा हूँ

कोई और है नहीं तू नहीं मिरे रू-ब-रू[1] कोई और है
बड़ी देर में तुझे देख कर ये लगा कि तू कोई और है

1 सामने

ये गुनाहगारों की सर-ज़मीं है बहिश्त[1] से भी सिवा[2] हसीं[3]
मगर इस दयार[4] की ख़ाक में सबब-ए-नुमू[5] कोई और है

1 स्वर्ग 2 बढ़ कर 3 सुंदर 4 इ 'लाक़ा 5 विकास का कारण

जिसे ढूँढता हूँ गली-गली वो है मेरे जैसा ही आदमी
मगर आदमी के लिबास में वो फ़रिश्ता-ख़ू[1] कोई और है

1 फ़रिश्ते जैसा

कोई और शय[1] है वो बे-ख़बर जो शराब से भी है तेज़-तर
मिरा मय-कदा[2] कहीं और है मिरा हम-सुबू[3] कोई और है

1 चीज़ 2 शराब ख़ाना 3 साथ में शराब पीने वाला

दिल धड़कने का सबब[1] याद आया
वो तिरी याद थी अब याद आया
1 कारण

आज मुश्किल था सँभलना ऐ दोस्त
तू मुसीबत में अ'जब याद आया

दिन गुज़ारा था बड़ी मुश्किल से
फिर तिरा वा'दा-ए-शब' याद आया
1 रात मिलने का वा'दा

तेरा भूला हुआ पैमान-ए-वफ़ा[1]
मर रहेंगे अगर अब याद आया
1 प्रेम प्रण

फिर कई लोग नज़र से गुज़रे
फिर कोई शह्‌र-ए-तरब[1] याद आया
1 ख़ुशियों का नगर

हाल-ए-दिल[1] हम भी सुनाते लेकिन
जब वो रुख़्सत[2] हुआ तब याद आया
1 दिल का हाल 2 बिछड़ना

बैठ कर साया-ए-गुल[1] में 'नासिर'
हम बहुत रोए वो जब याद आया
1 फूलों की छाया

आज तो बे-सबब[1] उदास है जी
इ'श्क़ होता तो कोई बात भी थी

1 अकारण

जलता फिरता हूँ मैं दोपहरों में
जाने क्या चीज़ खो गई है मिरी

वहीं फिरता हूँ मैं भी ख़ाक-बसर[1]
इस भरे शहर में है एक गली

1 धूल उड़ाता हुआ

छुपता फिरता है इ'श्क़ दुनिया से
फैलती जा रही है रुस्वाई[1]

1 बदनामी

आज तो वो भी कुछ ख़मोश सा था
मैंने भी उससे कोई बात न की

एक दम उसके होंठ चूम लिए
ये मुझे बैठे बैठे क्या सूझी

एक दम उसका हाथ छोड़ दिया
जाने क्या बात दर्मियाँ आई

तू जो इतना उदास है 'नासिर'
तुझे क्या हो गया बता तो सही

वो साहिलों पे गाने वाले क्या हुए
वो कश्तियाँ चलाने वाले क्या हुए

वो सुब्ह आते आते रह गई कहाँ
जो क़ाफ़िले थे आने वाले क्या हुए

मैं उनकी राह देखता हूँ रात भर
वो रौशनी दिखाने वाले क्या हुए

ये कौन लोग हैं मिरे इधर उधर
वो दोस्ती निभाने वाले क्या हुए

वो दिल में खुबने[1] वाली आँखें क्या हुईं
वो होंठ मुस्कुराने वाले क्या हुए

1 गड़ने

अकेले घर से पूछती है बे-कसी[1]
तिरा दिया जलाने वाले क्या हुए

1 दुख

ये आप हम तो बोझ हैं ज़मीन का
ज़मीं का बोझ उठाने वाले क्या हुए

फ़िक्र-ए-ता'मीर-ए-आशियाँ[1] भी है
ख़ौफ़-ए-बे-मेहरी-ए-ख़िज़ाँ[2] भी है

1 घर बनाने की चिंता 2 पतझड़ की निष्ठुरता का भय

ख़ाक भी उड़ रही है रस्तों में
आमद-ए-सुब्ह[1] का समाँ[2] भी है

1 सुब्ह का आगमन 2 दृश्य

रंग भी उड़ रहा है फूलों का
ग़ुन्चा-ग़ुन्चा[1] शरर-फ़िशाँ[2] भी है

1 कली-कली 2 आग बरसाने वाला

कुछ तो मौसम भी है ख़याल-अंगेज़[1]
कुछ तबीअ'त मिरी रवाँ[2] भी है

1 विचारोत्तजक 2 उभार पर

कुछ तिरा हुस्न[1] भी है होश-रुबा[2]
कुछ मिरी शोख़ी-ए-बयाँ[3] भी है

1 सौंदर्य 2 होश उड़ाने वाला 3 बयान की चंचलता

वज्ह-ए-तस्कीं[1] भी है ख़याल उस का
हद से बढ़ जाए तो गराँ[2] भी है

1 आराम देने वाला 2 बोझल

ज़िन्दगी जिस के दम से है 'नासिर'
याद उसकी अ'ज़ाब-ए-जाँ[1] भी है

1 जान की मुसीबत

दफ़्अ'तन[1] दिल में किसी याद ने ली अंगड़ाई
इस ख़राबे[2] में ये दीवार कहाँ से आई
1 अचानक 2 वीराने

आज खुलने ही को था दर्द-ए-मोहब्बत[1] का भरम
वो तो कहिए कि अचानक ही तिरी याद आई
1 प्रेम की पीड़ा

बस युहीं दिल को तवक़्क़ो[1] सी है तुझसे वर्ना
जानता हूँ कि मुक़द्दर है मिरा तन्हाई
1 अपेक्षा

नश्शा-ए-तल्ख़ी-ए-अय्याम[1] उतरता ही नहीं
तेरी नज़रों ने गुलाबी[2] तो बहुत छलकाई
1 जिन्दगी की कड़वाहट का नशा 2 शराब

यूँ तो हर शख़्स अकेला है भरी दुनिया में
फिर भी हर दिल के मुक़द्दर में नहीं तन्हाई

डूबते चाँद पे रोई हैं हज़ारों आँखें
मैं तो रोया भी नहीं तुमको हँसी क्यों आई

रात भर जागते रहते हो भला क्यों 'नासिर'
तुमने ये दौलत-ए-बेदार[1] कहाँ से पाई
1 सौभाग्य, लाभदायक पूँजी

दिन ढला रात फिर आ गई सो रहो सो रहो
मन्ज़िलों[1] छा गई ख़ामुशी सो रहो सो रहो
1 दूर दूर तक

सारा दिन तपते सूरज की गर्मी में जलते रहे
ठंडी ठंडी हवा फिर चली सो रहो सो रहो

कैसे सुनसान हैं आस्माँ चुप खड़े हैं मकाँ
है फ़ज़ा[1] अजनबी अजनबी सो रहो सो रहो
1 वातावरण

चाँदनी और धुएँ के सिवा दूर तक कुछ नहीं
सो गई शहर की हर गली सो रहो सो रहो

सारी बस्ती के लोग इस मधुर लय में खोए गए
दूर बजने लगी बाँसुरी सो रहो सो रहो

घर के दीवार-ओ-दर राह तक तक के शल[1] हो गए
अब न आएगा शायद कोई सो रहो सो रहो
1 निढाल

मुँह-अँधेरे ही 'नासिर' किसे ढूँडने चल दिए
दूर है सुब्ह-ए-रौशन अभी सो रहो सो रहो

'नासिर' क्या कहता फिरता है कुछ न सुनो तो बेहतर है
दीवाना है दीवाने के मुँह न लगो तो बेहतर है

कल जो था वो आज नहीं जो आज है कल मिट जाएगा
रूखी-सूखी जो मिल जाए शुक्र करो तो बेहतर है

कल ये ताब-ओ-तवाँ[1] न रहेगी ठंडा हो जाएगा लहू
नाम-ए-ख़ुदा[2] हो जवान अभी कुछ कर गुज़रो तो बेहतर है

1 शक्ति और सामर्थ्य 2 ख़ुदा का नाम ले कर

क्या जाने क्या रुत बदले हालात[1] का कोई ठीक नहीं
अब के सफ़र में तुम भी हमारे साथ चलो तो बेहतर है

1 समय

कपड़े बदल कर बाल बना कर कहाँ चले हो किसके लिए
रात बहुत काली है 'नासिर' घर में रहो तो बेहतर है

ओ मेरे मस्रूफ़[1] ख़ुदा
अपनी दुनिया देख ज़रा

1 व्यस्त

इतनी ख़िल्क़त[1] के होते
शह्‌रों में है सन्नाटा

1 लोग

झोंपड़ी वालों की तक़्दीर
बुझा बुझा सा एक दिया

ख़ाक उड़ाते हैं दिन रात
मीलों फैल गए सहरा[1]

1 रेगिस्तान / वीराना

ज़ाग़-ओ-ज़ग़न[1] की चीख़ों से
सूना जंगल गूँज उठा

1 कव्वे और चील

सूरज सर पे आ पहुँचा
गर्मी है या रोज़-ए-जज़ा[1]

1 क़यामत का दिन

प्यासी धरती जलती है
सूख गए बहते दरिया

फ़सलें जल कर राख हुईं
नगरी नगरी काल[1] पड़ा

1 अकाल

गली गली आबाद थी जिन से कहाँ गए वो लोग
दिल्ली अब के ऐसी उजड़ी घर घर फैला सोग[1]

1 शोक

सारा सारा दिन गलियों में फिरते हैं बेकार
रातों उठ उठ कर रोते हैं इस नगरी के लोग

सहमे-सहमे से बैठे हैं रागी[1] और फ़नकार[2]
भोर भए अब इन गलियों में कौन सुनाए जोग

1 गुरूद्वारे में शबद गाने वाला / गायक 2 कलाकार

जब तक हम मस्रूफ़[1] रहे ये दुनिया थी सुनसान
दिन ढलते ही ध्यान में आए कैसे कैसे लोग

1 व्यस्त

'नासिर' हमको रात मिला था तन्हा और उदास
वही पुरानी बातें उसकी वही पुराना रोग

महरूम-ए-ख़्वाब[1] दीदा-ए-हैराँ[2] न था कभी
तेरा ये रंग ऐ शब-ए-हिज्राँ[3] न था कभी
1 सपनों से वंचित 2 हैरान आँख 3 वियोग की रात

पुर्सां[1] न था कोई तो ये रुस्वाइयाँ[2] न थीं
ज़ाहिर किसी पे हाल-ए-परेशाँ[3] न था कभी
1 पूछने वाला 2 बदनामियाँ 3 परेशान हाल

हर-चन्द[1] ग़म भी था मगर एहसास-ए-ग़म[2] न था
दर्मां[3] न था तो मातम-ए-दर्मां[4] न था कभी
1 यद्दपि 2 ग़म का एहसास 3 इ'लाज 4 इ'लाज का शोक

दिन भी उदास और मिरी रात भी उदास
ऐसा तो वक़्त ऐ ग़म-ए-दौराँ[1] न था कभी
1 संसार के दुख

दौर-ए-ख़िज़ाँ[1] में यूँ मिरे दिल को क़रार[2] है
मैं जैसे आश्ना-ए-बहाराँ[3] न था कभी
1 पतझड़ का समय 2 चैन 3 बहारों से परिचित

रह-ए-जुनूँ[1] में ख़ुदा का हवाला क्या करता
ये ख़िज़्र[2] रंज-ए-सफ़र[3] का इज़ाला[4] क्या करता

1 दीवानगी का रास्ता 2 एक पैग़म्बर जो अमर हैं और जो भूले-भटकों को रास्ता दिखाते हैं 3 यात्रा का दुख 4 निवारण

गुज़ारनी थी तिरे हिज्र[1] की पहाड़ सी रात
मैं तार-ए-रेशम-ओ-ज़र[2] का दो-शाला[3] क्या करता

1 वियोग 2 रेशम और सोने का धागा 3 जिसमें दो शाल एक साथ जुड़े हों

न शग़्ल-ए-ख़ारा-तराशी[1] न कारोबार-ए-जुनूँ[2]
मैं कोह-ओ-दश्त[3] में फ़र्याद-ओ-नाला[4] क्या करता

1 पत्थर काटने का काम 2 दीवानगी का व्यवसाय 3 पहाड़ और जंगल 4 शिकायत और रुदन

हिकायत-ए-ग़म-ए-दुनिया[1] को चाहिए दफ़्तर[2]
वरक़[3] वरक़ मिरे दिल का रिसाला[4] क्या करता

1 संसार के दुखों की कथा 2 काग़ज़ात का संग्रह 3 पृष्ठ-पृष्ठ 4 पत्रिका

मैं तिश्ना-काम[1] तिरे मय-कदे[2] से लौट आया
किसी के नाम का ले कर पियाला क्या करता

1 प्यासा 2 शराबख़ाना

साज़-ए-हस्ती[1] की सदा[2] ग़ौर से सुन
क्यों है ये शोर बपा[3] ग़ौर से सुन

1 अस्तित्व का बाजा 2 आवाज़ 3 होना

दिन के हंगामों को बे-कार न जान
शब[1] के पर्दों में है क्या ग़ौर से सुन

1 रात

चढ़ते सूरज की अदा को पहचान
डूबते दिन की निदा[1] ग़ौर से सुन

1 आवाज़

दिल तड़प उठता है क्यों आख़िर-ए-शब[1]
दो-घड़ी कान लगा ग़ौर से सुन

1 रात का आख़िरी पहर

उसी गोशे[1] में हैं सब दैर-ओ-हरम[2]
दिल सनम[3] है कि ख़ुदा ग़ौर से सुन

1 कोनों 2 मंदिर-मस्जिद 3 मूर्ति

मौत और ज़ीस्त[1] के अस्रार-ओ-रुमूज़[2]
आ मिरी बज़्म[3] में आ ग़ौर से सुन

1 जीवन 2 रहस्य 3 महफ़िल

हर-क़दम राह-ए-तलब[1] में 'नासिर'
जरस[2]-ए-दिल की सदा ग़ौर से सुन

1 इच्छा का रास्ता 2 कारवाँ की घंटियों का आवाज़

जल्वा-सामाँ[1] है रंग-ओ-बू[2] हम से
इस चमन[3] की है आब्रू[4] हम से
1 अभिव्यक्त 2 रंग और गंध 3 मान-सम्मान

दर्स[1] लेते हैं ख़ुश-ख़िरामी[2] का
मौज-ए-दरिया-ओ-आब-जू[3] हम से
1 पाठ 2 मनमोहक चाल 3 नदी और नहर की लहर

हर सहर[1] बारगाह-ए-शबनम[2] में
फूल मिलते हैं बा-वज़ू[3] हम से
1 सुब्ह 2 ओस की महफ़िल १ वज़ू कर के

हम से रौशन है कार-गाह-ए-सुख़न[1]
नफ़स-ए-गुल[2] है मुश्कबू[3] हम से
1 शाइ'री की कार्यशाला 2 फूल की साँस 3 सुगंधित

शब[1] की तन्हाइयों में पिछले पहर
चाँद करता है गुफ़्तुगू[2] हम से
1 रात 2 बातचीत

शह्र में अब हमारे चर्चे हैं
जगमगाते हैं काख़-ओ-कू[1] हम से
1 महल और गलियाँ

कम-फ़ुर्सती-ए-ख़्वाब-ए-तरब[1] याद रहेगी
गुज़री जो तिरे साथ वो शब[2] याद रहेगी

1 ख़ुशी के सपने का बहुत थोड़ी देर रहना 2 रात

हर-चन्द[1] तिरा अ'ह्द-ए-वफ़ा[2] भूल गए हम
वो कशमकश-ए-सब्र-तलब[3] याद रहेगी

1 यद्दपि 2 वफ़ा का वा'दा 3 धैर्य का आग्रह करने वाली

सीने में उमंगों का वही शोर है अब तक
वो शोख़ी-ए-यक-जुम्बिश-ए-लब[1] याद रहेगी

1 होठों के कंपन की चंचलता

फिर जिस के तसव्वुर[1] में बरसने लगीं आँखें
वो बर्हमी-ए-सोहबत-ए-शब[2] याद रहेगी

1 ध्यान 2 रात भर के साथ का समाप्त होना

गो[1] हिज्र[2] के लम्हात[3] बहुत तल्ख़[4] थे लेकिन
हर बात ब-उ'न्वान-ए-तरब[5] याद रहेगी

1 यद्दपि 2 वियोग 3 पल 4 कड़ुवे 5 ख़ुशी के नाम से

क्यों ग़म-ए-रफ़्तगाँ[1] करे कोई
फ़िक्र-ए-वामाँदगाँ[2] करे कोई

1 मरे हुए लोगों का दुख 2 थके हुओं की चिंता

तेरे आवारगान-ए-ग़ुर्बत[1] को
शामिल-ए-कारवाँ करे कोई

1 परदेस में भटकने वाले

ज़िन्दगी के अ'ज़ाब[1] क्या कम हैं
क्यों ग़म-ए-ला-मकाँ[2] करे कोई

1 कष्ट 2 असीम का दुख

दिल टपकने लगा है आँखों से
अब किसे राज़दाँ[1] करे कोई

1 राजदार

उस चमन[1] में ब-रंग-ए-निक्हत-ए-गुल[2]
उ'म्र क्यों रायगाँ[3] करे कोई

1 बाग़ 2 फूल की ख़ुश्बू की तरह 3 व्यर्थ

शहर में शोर घर में तन्हाई
दिल की बातें कहाँ करे कोई

ये ख़राबे[1] जरूर चमकेंगे
ए'तिबार-ए-ख़िज़ाँ[2] करे कोई

1 वीराने 2 पतझड़ का विश्वास

ख़याल-ए-तर्क-ए-तमन्ना[1] न कर सके तू भी
उदासियों का मुदावा[2] न कर सके तू भी
1 प्रेम-त्याग 2 इ'लाज

कभी वो वक़्त भी आए कि कोई लम्हा-ए-ऐ'श[1]
मिरे बग़ैर गवारा न कर सके तू भी
1 सुख का पल

ख़ुदा वो दिन न दिखाए तुझे कि मेरी तरह
मिरी वफ़ा पे भरोसा न कर सके तू भी

मैं अपना उ'क़्दा-ए-दिल[1] तुझ को सौंप देता हूँ
बड़ा मज़ा हो अगर वा[2] न कर सके तू भी
1 दिल की गाँठ 2 खोलना

तुझे ये ग़म कि मिरी ज़िन्दगी का क्या होगा
मुझे ये ज़िद कि मुदावा[1] न कर सके तू भी
1 इ'लाज

न कर ख़याल-ए-तलाफ़ी[1] कि मेरा ज़ख़्म-ए-वफ़ा[2]
वो ज़ख़्म है जिसे अच्छा न कर सके तू भी
1 क्षतिपूर्ति का विचार 2 वफ़ा का ज़ख़्म

रह-नवर्द-ए-बयाबान-ए-ग़म[1] सब्र कर सब्र कर
कारवाँ फिर मिलेंगे बहम[2] सब्र[3] कर सब्र कर

1 दुखों के वीराने में भटकाने वाले 2 आपस में 3 धैर्य

बे-निशाँ है सफ़र रात सारी पड़ी है मगर
आ रही है सदा[1] दम-ब-दम[2] सब्र कर सब्र कर

1 आवाज़ 2 पल

तेरी फ़र्याद गूँजेगी धरती से आकाश तक
कोई दिन और सह ले सितम[1] सब्र कर सब्र कर

1 अत्याचार

शहर उजड़े तो क्या है कुशादा[1] ज़मीन-ए-ख़ुदा[2]
इक नया घर बनाएँगे हम सब्र कर सब्र कर

1 विस्तृत 2 ईश्वर की भूमि

ये महल्लात-ए-शाही[1] तबाही के हैं मुन्तज़िर[2]
गिरने वाले हैं उनके अलम[3] सब्र कर सब्र कर

1 शाही महल 2 प्रतीक्षारत 3 झंडे

दफ़[1] बजाएँगे बर्ग-ओ-शजर[2] सफ़-ब-सफ़[3] हर तरफ़
ख़ुश्क[4] मिट्टी से फूटेगा नम सब्र कर सब्र कर

1 डफ़्ली 2 पत्ते और पेड़ 3 पंक्ति-पंक्ति 4 सूखी

देख 'नासिर' ज़माने में कोई किसी का नहीं
भूल जा उसके क़ौल-ओ-क़सम[1] सब्र कर सब्र कर

1 वचन और क़सम

किसी का दर्द हो दिल बे-क़रार[1] अपना है
हवा कहीं की हो सीना फ़िगार[2] अपना है
1 व्याकुल 2 ज़ख़्मी

हो कोई फ़स्ल[1] मगर ज़ख़्म खिल ही जाते हैं
सदा-बहार दिल-ए-दाग़-दार अपना है
1 मौसम

जो शाद[1] फिरते थे कल आज छुप के रोते हैं
हज़ार शुक्र[2] ग़म-ए-पायदार[3] अपना है
1 ख़ुश 2 धन्यवाद 3 स्थायी

कहीं मिला तो किसी दिन मना ही लेंगे उसे
वो ज़ूद-रन्ज[1] सही फिर भी यार अपना है
1 जल्द बुरा मानने वाला

वो कोई अपने सिवा हो तो उस का शिक्वा करूँ
जुदाई अपनी है और इन्तिज़ार अपना है

न ढूँढ 'नासिर'-ए-आशुफ़्ता-हाल[1] को घर में
वो बू-ए-गुल[2] की तरह बे-क़रार अपना है
1 परेशान हाल नासिर 2 फूल की सुगंध

दौर-ए-फ़लक[1] जब दोहराता है मौसम-ए-गुल[2] की रातों को
कुन्ज-ए-क़फ़स[3] में सुन लेते हैं भूली-बिसरी बातों को

1 समय-चक्र 2 बहार का मौसम 3 पिंजरे को कोना

रेग-ए-रवाँ[1] की नर्म तहों को छेड़ती है जब कोई हवा
सूने सहरा[2] चीख़ उठते हैं आधी आधी रातों को

1 अस्थिर रेत 2 रेगिस्तान, वीराना

आतिश-ए-ग़म[1] के सैल-ए-रवाँ[2] में नींदें जल कर राख हुईं
पत्थर बन कर देख रहा हूँ आती-जाती रातों को

1 दुखों की आग 2 उमड़ता हुआ सैलाब

मय-ख़ाने[1] का अफ़्सुर्दा[2] माहौल तो यूँही रहना है
ख़ुश्क[3] लबों[4] की ख़ैर मनाओ कुछ न कहो बरसातों को

1 शराबख़ाना 2 उदासी भरा 3 सूखे 4 होठों

'नासिर' मेरे मुँह की बातें यूँ तो सच्चे मोती हैं
लेकिन उनकी बातें सुन कर भूल गए सब बातों को

सुनाता है कोई भूली कहानी
महकते मीठे दरियाओं का पानी

यहाँ जंगल थे आबादी से पहले
सुना है मैंने लोगों की ज़बानी

यहाँ इक शहर था शहर-ए-निगाराँ[1]
न छोड़ी वक़्त ने इसकी निशानी

1 सुंदर चेहरों का नगर

ख़यालों ही में अक्सर बैठे बैठे
बसा लेता हूँ इक दुनिया सुहानी

हुजूम-ए-नश्शा-ए-फ़िक्र-ए-सुख़न[1] में
बदल जाते हैं लफ़्ज़ों[2] के मआ'नी[3]

1 शाइ'री करने के गहरे नशे मे 2 शब्द (बहुवचन) 3 अर्थ (बहुवचन)

अँधेरी शाम के पर्दों में छुप कर
किसे रोती है चश्मों[1] की रवानी[2]

1 छोटी नदियाँ 2 प्रवाह

नई दुनिया के हंगामों में 'नासिर'
दबी जाती हैं आवाज़ें पुरानी

शबनम-आलूद[1] पलक याद आई
गुल-ए-आ'रिज़[2] की झलक याद आई
1 ओस से भीगी 2 गालों के फूल

कभी ज़ुल्फ़ों की घटा ने घेरा
कभी आँखों की चमक याद आई

फिर किसी ध्यान ने डेरे डाले
कोई आवारा महक याद आई

फिर कोई नग़्मा[1] गुलू-गीर[2] हुआ
कोई बे-नाम कसक याद आई
1 गीत 2 गले में फँसना

ज़र्रे[1] फिर माइल-ए-रम[2] हैं 'नासिर'
फिर उन्हें सैर-ए-फ़लक[3] याद आई
1 कण 2 गतिमान 3 आकाश की सैर

तुम आ गए हो तो क्यों इन्तिज़ार-ए-शाम[1] करें
कहो तो क्यों न अभी से कुछ एहतिमाम[2] करें

1 शाम की प्रतीक्षा 2 प्रबंध, आयोजन

ख़ुलूस[1]-ओ-मेह्‌र-ओ-वफ़ा[2] लोग कर चुके हैं बहुत
मिरे ख़याल में अब और कोई काम करें

1 निश्छलता 2 प्रेम

ये ख़ास-ओ-आ'म[1] की बे-कार गुफ़्तुगू[2] कब तक
क़ुबूल कीजिए जो फ़ैसला अ'वाम[3] करें

1 विशिष्ठ और साधारण 2 बात-चीत 3 जनता

हर आदमी नहीं शाइस्ता-ए-रुमूज़-ए-सुख़न[1]
वो कम-सुख़न[2] हो मुख़ातब[3] तो हम-कलाम[4] करें

1 बातचीत के भेदों को जानने वाला 2 कम बोलने वाला 3 संबोधित
4 बात करना

जुदा हुए हैं बहुत लोग एक तुम भी सही
अब इतनी बात पे क्या ज़िन्दगी हराम करें

ख़ुदा अगर कभी कुछ इख़्तियार[1] दे हम को
तो पहले ख़ाक-नशीनों[2] का इन्तिज़ाम करें

1 अधिकार 2 आ'म लोग

रह-ए-तलब[1] में जो गुमनाम मर गए 'नासिर'
मता-ए'-दर्द[2] उन्ही साथियों के नाम करें

1 इच्छा का रास्ता 2 दर्द की पूँजी

जुर्म-ए-उम्मीद[1] की सज़ा ही दे
मेरे हक़ में भी कुछ सुना ही दे

1 आशा रखने का अपराध

इ'श्क़ में हम नहीं ज़ियादा-तलब[1]
जो तिरा नाज़-ए-कम-निगाही[2] दे

1 अधिक की माँग करने वाला 2 उपेक्षा करने का अभिमान

तूने तारों से शब[1] की माँग भरी
मुझको इक अश्क-ए-सुब्ह-गाही[2] दे

1 रात 2 प्रातःकालीन आँसू

तूने बन्जर ज़मीं को फूल दिए
मुझको इक ज़ख़्म-ए-दिल-कुशा[1] ही दे

1 दिल को आनन्द देने वाला घाव

बस्तियों को दिए हैं तूने चराग़
दश्त-ए-दिल[1] को भी कोई राही दे

1 दिल रूपी जंगल

ज़र्द-रू[1] हैं वरक़[2] ख़यालों के
ऐ शब-ए-हिज्र[3] कुछ स्याही[4] दे

1 पीले 2 पृष्ठ 3 वियोग की रात 4 अंधेरा, कालापन

गर मजाल-ए-सुख़न[1] नहीं 'नासिर'
लब-ए-ख़ामोश[2] से गवाही दे

1 कुछ कहने की हिम्मत 2 चुप होंठ

इ'श्क़ जब ज़मज़मा-पैरा[1] होगा
हुस्न[2] ख़ुद महव-ए-तमाशा[3] होगा
1 गीत गाना 2 सौंदर्य 3 तमाशे में लीन

दाइम[1] आबाद रहेगी दुनिया
हम न होंगे कोई हम सा होगा
1 हमेशा

हम तुझे भूल के ख़ुश बैठे हैं
हम सा बेदर्द कोई क्या होगा

फिर किसी ध्यान के सद-राहे[1] पर
दिल-ए-हैरत-ज़दा[2] तन्हा होगा
1 जहाँ से सौ रास्ते निकलते हैं 2 विस्मित

इक सदा[1] संग[2] में तड़पी होगी
इक शरर[3] फूल में लर्ज़ा[4] होगा
1 आवाज़ 2 पत्थर 3 चिंगारी 4 कपकपाता हुआ

तुझको हर फूल में उ'र्यां[1] सोते
चाँदनी-रात ने देखा होगा
1 वस्त्रहीन

शाम से सोच रहा हूँ 'नासिर'
चाँद किस शहर में उतरा होगा

वो इस अदा से जो आए तो क्यों भला न लगे
हज़ार बार मिलो फिर भी आश्ना[1] न लगे
1 परिचित

बहुत ही सादा है तू और ज़माना है अ'य्यार[1]
ख़ुदा करे कि तुझे शह्र की हवा न लगे
1 चालाक

बुझा न दें ये मुसलसल[1] उदासियाँ दिल को
वो बात कर कि तबीअ'त को ताज़ियाना[2] लगे
1 निरन्तर 2 चाबुक

जो घर उजड़ गए उनका न रन्ज[1] कर प्यारे
वो चारा[2] कर कि ये गुलशन उजाड़ सा न लगे
1 दुख 2 उपाय

वो रंग दिल को दिए हैं लहू की गर्दिश[1] ने
नज़र उठाऊँ तो दुनिया निगार-ख़ाना[2] लगे
1 प्रवाह 2 सुन्दर चेहरों का घर

अ'जीब ख़्वाब दिखाते हैं ना-ख़ुदा[1] हमको
ग़रज़ ये है कि सफ़ीना[2] किनारे जा न लगे
1 मल्लाह 2 नाव

लिए ही जाती है हर-दम कोई सदा[1] 'नासिर'
ये और बात सुराग़-ए-निशान-ए-पा[2] न लगे
1 आवाज़ 2 पैरों के निशान का पता

ये सितम[1] और कि हम फूल कहें ख़ारों[2] को
इससे तो आग ही लग जाए समन-ज़ारों[3] को

1 अत्याचार 2 काँटों 3 बाग़ों

है अ'बस[1] फ़िक्र-ए-तलाफ़ी[2] तुझे ऐ जान-ए-वफ़ा
धुन है अब और ही कुछ तेरे तलब-गारों[3] को

1 व्यर्थ 2 क्षतिपूर्ति की चिंता 3 चाहने वाले, इच्छुक

तन-ए-तन्हा[1] ही गुज़ारी हैं अँधेरी रातें
हमने घबरा के पुकारा न कभी तारों को

1 बिल्कुल अकेले

नागहाँ[1] फूट पड़े रौशनियों के झरने
एक झोंका ही उड़ा ले गया अँधियारों को

1 अचानक

सारे इस दौर की मुँह बोलती तस्वीरें हैं
कोई देखे मिरे दीवान[1] के किर्दारों को

1 ग़ज़लों की किताब

नाला-ए-आख़िर-ए-शब[1] किसको सुनाऊँ 'नासिर'
नींद प्यारी है मिरे दौर के फ़नकारों को

1 रात के अंतिम पहर का रोना

रौनक़ें थीं जहाँ में क्या क्या कुछ
लोग थे रफ़्तगाँ[1] में क्या क्या कुछ

1 गुज़रे हुए लोग

अब की फ़स्ल-ए-बहार[1] से पहले
रंग थे गुलसिताँ[2] में क्या क्या कुछ

1 बहार का मौसम 2 उपवन

क्या कहूँ अब तुम्हें ख़िज़ाँ[1] वालो
जल गया आशियाँ[2] में क्या क्या कुछ

1 पतझड़ 2 घर

दिल तिरे बा'द सो गया वर्ना
शोर था इस मकाँ में क्या क्या कुछ

कुन्ज-कुन्ज[1] नग़्मा-ज़न[2] बसंत आ गई
अब सजेगी अन्जुमन[3] बसंत आ गई
1 पेड़ों का झुर्मट 2 गीत गाती हुई 3 महफ़िल

उड़ रहे हैं शह्र में पतंग रंग रंग
जगमगा उठा गगन बसंत आ गई

मोहने लुभाने वाले प्यारे प्यारे लोग
देखना चमन चमन[1] बसंत आ गई
1 बाग़

सब्ज़[1] खेतियों पे फिर निखार आ गया
लेके ज़र्द[2] पैरहन[3] बसंत आ गई
1 हरी 2 पीला 3 वस्त्र

पिछले साल के मलाल[1] दिल से मिट गए
लेके फिर नई चुभन बसंत आ गई
1 दुख

जबीं[1] पे धूप सी आँखों में कुछ हया[2] सी है
तू अजनबी है मगर शक्ल आश्ना[3] सी है
1 माथा 2 लज्जा 3 परिचित

ख़याल ही नहीं आता किसी मुसीबत का
तिरे ख़याल में हर बात ग़म-रुबा[1] सी है
1 दुख निवारक

जहाँ में यूँ तो किसे चैन है मगर प्यारे
ये तेरे फूल से चेहरे पे क्यों उदासी है

दिल-ए-गमीं[1] से भी जलते हैं शादमान-ए-हयात[2]
उसी चराग़ की अब शहर में हवा सी है
1 दुखी दिल 2 ख़ुशी से जीवन जीने वाले

हमीं से आँख चुराता है उस का हर ज़र्रा[1]
मगर ये ख़ाक हमारे ही ख़ूँ की प्यासी है
1 कण

उदास फिरता हूँ मैं जिस की धुन में बरसों से
युँही सी है वो ख़ुशी बात वो ज़रा सी है

चहकते बोलते शहरों को क्या हुआ 'नासिर'
कि दिन को भी मिरे घर में वही उदासी है

ज़बाँ सुख़न[1] को सुख़न बाँकपन को तरसेगा
सुख़न-कदा[2] मिरी तर्ज़-ए-सुख़न[3] को तरसेगा

1 शाइ'री 2 काव्य-घर 3 काव्य-शैली

नए पियाले सही तेरे दौर में साक़ी[1]
ये दौर मेरी शराब-ए-कुहन[2] को तरसेगा

1 शराब परोसने वाला 2 पुरानी शराब

मुझे तो ख़ैर वतन छोड़ कर अमाँ[1] न मिली
वतन भी मुझ से ग़रीब-उल-वतन[2] को तरसेगा

1 सुरक्षा 2 परदेसी, जा चुका व्यक्ति

बदल सको तो बदल दो ये बाग़बाँ[1] वर्ना
ये बाग़ साया-ए-सर्व-ओ-समन[2] को तरसेगा

1 माली 2 सर्व (एक वृक्ष) और चमेली की छाया

हवा-ए-ज़ुल्म[1] यही है तो देखना इक दिन
ज़मीन पानी को सूरज किरन को तरसेगा

1 अत्याचार की हवा

नाज़-ए-बेगानगी[1] में क्या कुछ था
हुस्न की सादगी में क्या कुछ था
1 अजनबी होने का अभिमान

लाख राहें थीं लाख जल्वे थे
अ'हद-ए-आवारगी[1] में क्या कुछ था
1 आवारगी की अवस्था / समय

आँख खुलते ही छुप गई हर शय[1]
आ'लम-ए-बे-ख़ुदी[2] में क्या कुछ था
1 चीज़ 2 विस्मृति की अवस्था

याद हैं मर्हले[1] मोहब्बत के
हाय इस बेकली[2] में क्या कुछ था
1 पड़ाव 2 बेचैनी

कितने बीते दिनों की याद आई
आज तेरी कमी में क्या कुछ था

कितने मानूस[1] लोग याद आए
सुब्ह की चाँदनी में क्या कुछ था
1 परिचित

रात-भर हम न सो सके 'नासिर'
पर्दा-ए-ख़ामुशी[1] में क्या कुछ था
1 ख़मोशी का पर्दा

तिरी निगाह के जादू बिखरते जाते हैं
जो ज़ख़्म दिल को मिले थे वो भरते जाते हैं

तिरे बग़ैर वो दिन भी गुज़र गए आख़िर
तिरे बग़ैर ये दिन भी गुज़रते जाते हैं

लिए चलो मुझे दरिया-ए-शौक़[1] की मौजो[2]
कि हम-सफ़र[3] तो मिरे पार उतरते जाते हैं
1 प्रेम नदी 2 लहरों 3 सहयात्री

तमाम उ'म्र जहाँ हँसते-खेलते गुज़री
अब उस गली में भी हम डरते डरते जाते हैं

मैं ख़्वाहिशों[1] के घरौंदे बनाए जाता हूँ
वो मेहनतें मिरी बर्बाद करते जाते हैं
1 इच्छाओं, कामनाओं

ख़मोशी उँगलियाँ चटख़ा रही है
तिरी आवाज़ अब तक आ रही है

दिल-ए-वह्शी[1] लिए जाता है लेकिन
हवा ज़ंजीर सी पहना रही है

1 उन्मादी दिल

तिरे शह्र-ए-तरब[1] की रौनक़ों में
तबीअ'त और भी घबरा रही है

1 ख़ुशियों का नगर

करम ऐ सरसर-ए-आलाम-ए-दौराँ[1]
दिलों की आग बुझती जा रही है

1 ज़माने के दुखों की गर्म हवा

कड़े कोसों[1] के सन्नाटे हैं लेकिन
तिरी आवाज़ अब तक आ रही है

1 दूरियाँ

तनाब-ए-ख़ेमा-ए-गुल[1] थाम 'नासिर'
कोई आँधी उफ़ुक़[2] से आ रही है

1 फूलों के ख़ेमे की रस्सियाँ 2 क्षितिज

अब उनसे और तक़ाज़ा-ए-बादा[1] क्या करता
जो मिल गया है मैं उससे ज़ियादा क्या करता

1 शराब की माँग

भला हुआ कि तिरे रास्ते की ख़ाक हुआ
मैं ये तवील[1] सफ़र पा-पियादा[2] क्या करता

1 लम्बा 2 पैदल

मुसाफ़िरों की तो ख़ैर अपनी अपनी मन्ज़िल थी
तिरी गली को न जाता तो जादा[1] क्या करता

1 रास्ता

तुझे तो घेरे ही रहते हैं रंग रंग के लोग
तिरे हुज़ूर मिरा हर्फ़-ए-सादा[1] क्या करता

1 साधारण शब्द

बस एक चेहरा किताबी[1] नज़र में है 'नासिर'
किसी किताब से मैं इस्तिफ़ादा[2] क्या करता

1 किताब जैसा 2 लाभ उठाना

जब ज़रा तेज़ हवा होती है
कैसी सुनसान फ़ज़ा[1] होती है

1 वातावरण

हमने देखे हैं वो सन्नाटे भी
जब हर इक साँस सदा[1] होती है

1 आवाज़

दिल का ये हाल हुआ तिरे बा'द
जैसे वीरान सरा[1] होती है

1 सराय

रोना आता है हमें भी लेकिन
इसमें तौहीन-ए-वफ़ा[1] होती है

1 वफ़ा का अपमान

मुँह-अँधेरे कभी उठ कर देखो
क्या तर-ओ-ताज़ा हवा होती है

अजनबी ध्यान की हर मौज[1] के साथ
किस क़दर तेज़ हवा होती है

1 लहर

जब कोई ग़म नहीं होता 'नासिर'
बेकली[1] दिल की सिवा होती है

1 व्याकुलता

पर्दे में हर आवाज़ के शामिल तो वही है
हम लाख बदल जाएँ मगर दिल तो वही है

महसूस जो होता है दिखाई नहीं देता
दिल और नज़र में हद-ए-फ़ासिल[1] तो वही है
1 विभाजन-सीमा

हर-चन्द[1] तिरे लुत्फ़[2] से महरूम[3] नहीं हम
लेकिन दिल-ए-बेताब की मुश्किल तो वही है
1 यद्यपि 2 कृपा 3 वंचित

गिर्दाब[1] से निकले भी तो जाएँगे कहाँ हम
डूबी थी जहाँ नाव ये साहिल[2] तो वही है
1 भँवर 2 किनारा

लुट जाते हैं दिन को भी जहाँ क़ाफ़िले वाले
हुशियार मुसाफ़िर कि ये मन्ज़िल तो वही है

वो रंग वो आवाज़ वो सज और वो सूरत
सच कहते हो तुम प्यार के क़ाबिल तो वही है

सद-शुक्र[1] कि इस हाल में जीते तो हैं 'नासिर'
हासिल[2] न सही काविश[3]-ए-हासिल तो वही है
1 सौ शुक्र 2 उपलब्धि 3 प्रयास

ये रात तुम्हारी है चमकते रहो तारो
वो आएँ न आएँ मगर उम्मीद न हारो

शायद किसी मन्ज़िल से कोई क़ाफ़िला आए
आशुफ़्ता-सरो[1] सुब्ह तलक यूँही पुकारो
1 दीवानों

दिन भर तो चले अब ज़रा दम लेके चलेंगे
ऐ हम-सफ़रो[1] आज यहीं रात गुज़ारो
1 सहयात्रियों

ये आ'लम-ए-वहशत[1] है तो कुछ हो ही रहेगा
मन्ज़िल न सही सर किसी दीवार से मारो
1 उन्माद की स्थिति

ओझल हुए जाते हैं निगाहों से दो-आ'लम[1]
तुम आज कहाँ हो ग़म-ए-फ़ुर्क़त[2] के सहारो
1 दोनों लोक 2 वियोग का दुख

खोया है उसे जिस का बदल कोई नहीं है
ये बात मगर कौन सुने लाख पुकारो

फूल ख़ुश्बू से जुदा है अब के
यारो ये कैसी हवा है अब के

दोस्त बिछड़े हैं कई बार मगर
ये नया दाग़ खुला है अब के

पत्तियाँ रोती हैं सर पीटती हैं
क़त्ल-ए-गुल[1] आ'म हुआ है अब के
1 फूल की हत्या

शफ़क़ी[1] हो गई दीवार-ए-ख़याल[2]
किस क़दर ख़ून बहा है अब के
1 लाल 2 विचारों की दीवार

मन्ज़र-ए-ज़ख़्म-ए-वफ़ा[1] किस को दिखाएँ
शह्र में क़ह्त-ए-वफ़ा[2] है अब के
1 वफ़ा के ज़ख़्म का दृश्य 2 वफ़ा का अकाल

वो तो फिर ग़ैर थे लेकिन यारो
काम अपनों से पड़ा है अब के

क्या सुनें शोर-ए-बहाराँ[1] 'नासिर'
हमने कुछ और सुना है अब के
1 बहार के मौसम का शोर

हुस्न[1] को दिल में छुपा कर देखो
ध्यान की शम्अ' जला कर देखो
1 सौंदर्य

क्या ख़बर कोई दफ़ीना[1] मिल जाए
कोई दीवार गिरा कर देखो
1 गड़ा हुआ धन

फ़ाख़्ता चुप है बड़ी देर से क्यों
सर्व[1] की शाख़ हिला कर देखो
1 पेड़

क्यों चमन छोड़ दिया ख़ुश्बू ने
फूल के पास तो जा कर देखो

नह्र क्यों सो गई चलते चलते
कोई पत्थर ही गिरा कर देखो

दिल में बेताब हैं क्या क्या मन्ज़र[1]
कभी इस शह्र में आ कर देखो
1 दृश्य

ख़्वाब में रात हमने क्या देखा
आँख खुलते ही चाँद सा देखा

क्यारियाँ धूल से अटी पाईं
आशियाना जला हुआ देखा

फ़ाख़्ता सर-निगूँ[1] बबूलों में
फूल को फूल से जुदा देखा

1 सर झुकाए हुए

उसने मन्ज़िल पे ला के छोड़ दिया
उ'म्र भर जिस का रास्ता देखा

हमने मोती समझ के चूम लिया
संग-रेज़ा[1] जहाँ पड़ा देखा

1 पत्थर का टुकड़ा

कम-नुमा[1] हम भी हैं मगर प्यारे
कोई तुझ सा न ख़ुद-नुमा[2] देखा

1 सामने कम आने वाला 2 आत्म प्रदर्शन करने वाला

ये भी क्या शाम-ए-मुलाक़ात[1] आई
लब पे मुश्किल से तिरी बात आई

1 मिलन की शाम

सुब्ह से चुप हैं तिरे हिज्र-नसीब[1]
हाय क्या होगा अगर रात आई

1 वियोग से पीड़ित

बस्तियाँ छोड़ के बरसे बादल
किस क़यामत की ये बरसात आई

कोई जब मिल के हुआ था रुख़्सत[1]
दिल-ए-बेताब[2] वही रात आई

1 बिछड़ना 2 व्याकुल दिल

साया-ए-ज़ुल्फ़-ए-बुताँ[1] में 'नासिर'
एक से एक नई रात आई

1 सुंदरियों के केशों की छाया

कुछ तो एहसास-ए-ज़ियाँ[1] था पहले
दिल का ये हाल कहाँ था पहले

1 हानि का बोध

ये अलग बात कि ग़म रास[1] है अब
उस में अन्देशा-ए-जाँ[2] था पहले

1 अनुकूल 2 जान जाने की आशंका

यूँ न घबराए हुए फिरते थे
दिल अ'जब कुन्ज-ए-अमाँ[1] था पहले

1 शरण स्थल

अब भी तू पास नहीं है लेकिन
इस क़दर दूर कहाँ था पहले

डेरे डाले हैं बगूलों[1] ने जहाँ
उस तरफ़ चश्मा रवाँ[2] था पहले

1 चक्रवात 2 प्रवाहित

हर ख़राबा[1] ये सदा[2] देता है
मैं भी आबाद मकाँ था पहले

1 वीराना 2 आवाज़

ग़म ने फिर दिल को जगाया 'नासिर'
ख़ाना-बर्बाद[1] कहाँ था पहले

1 घर लुटाने वाला

तिरे मिलने को बेकल[1] हो गए हैं
मगर ये लोग पागल हो गए हैं
1 व्याकुल

बहारें लेके आए थे जहाँ तुम
वो घर सुनसान जंगल हो गए हैं

यहाँ तक बढ़ गए आलाम-ए-हस्ती[1]
कि दिल के हौसले शल[2] हो गए हैं
1 जीवन के कष्ट 2 निढाल

कहाँ तक ताब[1] लाए ना-तवाँ[2] दिल
कि सदमे अब मुसलसल[3] हो गए हैं
1 शक्ति 2 कमज़ोर 3 निरंतर

निगाह-ए-यास[1] को नींद आ रही है
मिज़ा[2] पर अश्क बोझल हो गए हैं
1 निराशा भरी नज़र 2 पलक

उन्हें सदियों न भूलेगा ज़माना
यहाँ जो हादसे कल हो गए हैं

जिन्हें हम देख कर जीते थे 'नासिर'
वो लोग आँखों से ओझल हो गए हैं

ये शब[1] ये ख़याल-ओ-ख़्वाब[2] तेरे
क्या फूल खिले हैं मुँह-अँधेरे

1 रात 2 कल्पना और सपने

शो'ले में है एक रंग तेरा
बाक़ी हैं तमाम रंग मेरे

आँखों में छुपाए फिर रहा हूँ
यादों के बुझे हुए सवेरे

देते हैं सुराग़ फ़स्ल-ए-गुल[1] का
शाख़ों पे जले हुए बसेरे

1 बहार का मौसम

मन्ज़िल न मिली तो क़ाफ़िलों ने
रस्ते में जमा लिए हैं डेरे

जंगल में हुई है शाम हम को
बस्ती से चले थे मुँह-अँधेरे

रूदाद-ए-सफ़र[1] न छेड़ 'नासिर'
फिर अश्क न थम सकेंगे मेरे

1 यात्रा का वृत्तांत

कारवाँ सुस्त राहबर[1] ख़ामोश
कैसे गुज़रेगा ये सफ़र ख़ामोश

1 रास्ता दिखाने वाला

तुझे कहना है कुछ मगर ख़ामोश
देख और देख कर गुज़र ख़ामोश

यूँ तिरे रास्ते में बैठा हूँ
जैसे इक शम-ए'-रहगुज़र[1] ख़ामोश

1 रास्ते का चराग़

तू जहाँ एक बार आया था
एक मुद्दत से है वो घर ख़ामोश

उस गली के गुज़रने वालों को
तकते रहते हैं बाम-ओ-दर[1] ख़ामोश

1 छत और दरवाज़े

उठ गए कैसे कैसे प्यारे लोग
हो गए कैसे कैसे घर ख़ामोश

ये ज़मीं किसके इन्तिज़ार में है
क्या ख़बर क्यों है ये नगर ख़ामोश

हर नफ़स[1] इक पयाम[2] था 'नासिर'
हम ही बैठे रहे मगर ख़ामोश

1 साँस 2 संदेश

इन सह्मे हुए शह्रों की फ़ज़ा[1] कुछ कहती है
कभी तुम भी सुनो ये धरती क्या कुछ कहती है
1 वातावरण

सब अपने घरों में लम्बी तान के सोते हैं
और दूर कहीं कोयल की सदा कुछ कहती है

जब रात को तारे बारी बारी जागते हैं
कई डूबे हुए तारों की निदा[1] कुछ कहती है
1 आवाज़

कभी भोर भए कभी शाम पड़े कभी रात गए
हर आन बदलती रुत की हवा कुछ कहती है

मेहमान हैं हम मेहमान-सरा[1] है ये नगरी
मेहमानों को मेहमान-सरा कुछ कहती है
1 विश्राम गृह

बेदार[1] रहो बेदार रहो बेदार रहो
ऐ हम-सफ़रो[2] आवाज़-ए-दरा[3] कुछ कहती है
1 जाग्रत 2 सहयात्रियों 3 कारवाँ की घंटियाँ

'नासिर' आशोब-ए-ज़माना[1] से ग़ाफ़िल[2] न रहो
कुछ होता है जब ख़ल्क़-ए-ख़ुदा[3] कुछ कहती है
1 संसार के उपद्रव 2 बेख़बर 3 ईश्वर की दुनिया / बन्दे

बने-बनाए हुए रास्तों पे जा निकले
ये हम-सफ़र[1] मिरे कितने गुरेज़-पा[2] निकले
1 सहयात्री 2 भगोड़े

चले थे और किसी रास्ते की धुन में मगर
हम इत्तिफ़ाक़[1] से तेरी गली में आ निकले
1 संयोग

ग़म-ए-फ़िराक़[1] में कुछ देर रो ही लेने दो
बुख़ार कुछ तो दिल-ए-बे-क़रार[2] का निकले
1 वियोग का दुख 2 व्याकुल दिल

नसीहतें[1] हमें करते हैं तर्क-ए-उल्फ़त[2] की
ये ख़ैर-ख़्वाह[3] हमारे किधर से आ निकले
1 सलाहें 2 प्रेम का त्याग 3 शुभचिंतक

ये ख़ामुशी तो रग-ओ-पै[1] में रच गई 'नासिर'
वो नाला[2] कर कि दिल-ए-संग[3] से सदा निकले
1 नसों और धमनियों 2 रूदन 3 पत्थर का दिल

इस दुनिया में अपना क्या है
कहने को सब कुछ अपना है

यूँ तो शबनम[1] भी है दरिया
यूँ तो दरिया भी प्यासा है

1 ओस

यूँ तो हीरा भी है कंकर
यूँ तो मिट्टी भी सोना है

मुँह देखे की बातें हैं सब
किस ने किस को याद किया है

तेरे साथ गई वो रौनक़[1]
अब इस शह्र में क्या रक्खा है

1 चमक-दमक

बात न कर सूरत तो दिखा दे
तेरा इसमें क्या जाता है

ध्यान के आतिश-दान[1] में 'नासिर'
बुझे दिनों का ढेर पड़ा है

1 अँगीठी

कल जिन्हें ज़िन्दगी थी रास[1] बहुत
आज देखा उन्हें उदास बहुत
1 अनुकूल

रफ़्तगाँ[1] का निशाँ नहीं मिलता
उग रही है ज़मीं पे घास बहुत
1 गुज़रे हुए लोग

क्यों न रोऊँ तिरी जुदाई में
दिन गुज़ारे हैं तेरे पास बहुत

छाँव मिल जाए दामन-ए-गुल[1] की
है ग़रीबी[2] में ये लिबास बहुत
1 फूलों का आँचल 2 निर्धना, परदेसी होना

वादी-ए-दिल[1] में पाँव देख के रख
है यहाँ दर्द की उगास[2] बहुत
1 दिल की घाटी 2 उगना

सूखे पत्तों को देख कर 'नासिर'
याद आती है गुल की बास[1] बहुत
1 बू

तेरी ज़ुल्फ़ों के बिखरने का सबब[1] है कोई
आँख कहती है तिरे दिल में तलब[2] है कोई

1 कारण 2 माँग

आँच आती है तिरे जिस्म की उ'र्यानी[1] से
पैरहन[2] है कि सुलगती हुई शब[3] है कोई

1 नग्नता 2 लिबास 3 रात

होश उड़ाने लगीं फिर चाँद की ठंडी किरनें
तेरी बस्ती में हूँ या ख़्वाब-ए-तरब[1] है कोई

1 ख़ुशी का सपना

गीत बुनती है तिरे शह्र की भरपूर हवा
अजनबी मैं ही नहीं तू भी अ'जब है कोई

लिए जाती हैं किसी ध्यान की लहरें 'नासिर'
दूर तक सिलसिला-ए-ताक[1]-ए-तरब[2] है कोई

1 अंगूर की बेल 2 हर्श-उल्लाह

तू है या तेरा साया है
भेस जुदाई ने बदला है

दिल की हवेली पर मुद्दत से
ख़ामोशी का क़ुफ़्ल[1] पड़ा है

1 ताला

चीख़ रहे हैं ख़ाली कमरे
शाम से कितनी तेज़ हवा है

दरवाज़े सर फोड़ रहे हैं
कौन इस घर को छोड़ गया है

तन्हाई को कैसे छोड़ूँ
बरसों में इक यार मिला है

रात अँधेरी नाव न साथी
रस्ते में दरिया पड़ता है

हिचकी थमती ही नहीं 'नासिर'
आज किसी ने याद किया है

धूप निकली दिन सुहाने हो गए
चाँद के सब रंग फीके हो गए

क्या तमाशा है कि बे-अय्याम-ए-गुल[1]
टहनियों के हाथ पीले हो गए

1 बसंत के बिना

इस क़दर रोया हूँ तेरी याद में
आइने आँखों के धुँधले हो गए

हम भला चुप रहने वाले थे कहीं
हाँ मगर हालात ऐसे हो गए

अब तो ख़ुश हो जाएँ अर्बाब-ए-हवस[1]
जैसे वो थे हम भी वैसे हो गए

1 वासना-ग्रस्त लोग

हुस्न[1] अब हंगामा-आरा[2] हो तो हो
इ'श्क़ के दा'वे तो झूठे हो गए

1 सौंदर्य 2 हंगामा करने वाला

ऐ सुकूत-ए-शाम-ए-ग़म[1] ये क्या हुआ
क्या वो सब बीमार अच्छे हो गए

1 दुखों की शाम की चुप्पी

दिल को तेरे ग़म ने फिर आवाज़ दी
कबके बिछड़े फिर इकट्ठे हो गए

आओ 'नासिर' हम भी अपने घर चलें
बन्द इस घर के दरीचे[1] हो गए

1 खिड़कियाँ

सफ़र-ए-मन्ज़िल-ए-शब[1] याद नहीं
लोग रुख़्सत[2] हुए कब याद नहीं

1 रात होने का सफ़र 2 बिछड़ना

अव्वलीं[1] क़ुर्ब[2] की सर्शारी[3] में
कितने अर्मां थे जो अब याद नहीं

1 आरंभिक 2 निकटता 3 मस्ती

दिल में हर वक़्त चुभन रहती थी
थी मुझे किसकी तलब[1] याद नहीं

1 चाहत

वो सितारा थी कि शबनम[1] थी कि फूल
एक सूरत थी अ'जब याद नहीं

1 ओस

भूलते जाते हैं माज़ी[1] के दयार[2]
याद आएँ भी तो सब याद नहीं

1 अतीत 2 क्षेत्र

ये हक़ीक़त है कि अहबाब[1] को हम
याद ही कब थे जो अब याद नहीं

1 मित्रों

याद है सैर-ए-चराग़ाँ[1] 'नासिर'
दिल के बुझने का सबब याद नहीं

1 दीपमाला की सैर

याद आता है रोज़-ओ-शब[1] कोई
हमसे रूठा है बे-सबब[2] कोई

1 दिन-रात 2 अकारण

जब तुझे पहली बार देखा था
वो भी था मौसम-ए-तरब[1] कोई

1 ख़ुशी का मौसम

कुछ ख़बर ले कि तेरी महफ़िल से
दूर बैठा है जाँ-ब-लब[1] कोई

1 जिसकी जान होठों पर हो / मरता हुआ

न ग़म-ए-ज़िन्दगी[1] न दर्द-ए-फ़िराक़[2]
दिल में यूँही सी है तलब[3] कोई

1 जीवन का दुख 2 वियोग की पीड़ा 3 चाहत

याद आती हैं दूर की बातें
प्यार से देखता है जब कोई

जिनको मिटना था मिट चुके 'नासिर'
उनको रुस्वा[1] करे न अब कोई

1 अपमानित

जब रात गए तिरी याद आई सौ तर्ह से जी को बहलाया
कभी अपने ही दिल से बातें कीं कभी तेरी याद को समझाया

युँही वक़्त गँवाया मोती सा युँही उ'म्र गँवाई सोना सी
सच कहते हो तुम हम-सुख़नो[1] इस इ'श्क़ में हमने क्या पाया

1 आपस में बात करने वाले

जब पहले-पहल तुझे देखा था दिल कितनी ज़ोर से धड़का था
वो लहर न फिर दिल में जागी वो वक़्त न लौट के फिर आया

फिर आज तिरे दरवाज़े पर बड़ी देर के बा'द गया था मगर
इक बात अचानक याद आई मैं बाहर ही से लौट आया

दर्द कम होने लगा आओ कि कुछ रात कटे
ग़म की मीआ'द[1] बढ़ा जाओ कि कुछ रात कटे

1 अवधि

हिज्र[1] में आह-ओ-बुका[2] रस्म-ए-कुहन[3] है लेकिन
आज ये रस्म ही दोहराओ कि कुछ रात कटे

1 वियोग 2 रोना-पीटना 3 पुरानी प्रथा

यूँ तो तुम रौशनी-ए-क़ल्ब-ओ-नज़र[1] हो लेकिन
आज वो मो'जिज़ा[2] दिखलाओ कि कुछ रात कटे

1 दिल और आँख की रौशनी 2 चमत्कार

दिल दुखाता है वो मिल कर भी मगर आज की रात
उसी बे-दर्द को ले आओ कि कुछ रात कटे

दम घुटा जाता है अफ़्सुर्दा-दिली[1] से यारो
कोई अफ़्वाह ही फैलाओ कि कुछ रात कटे

1 उदासी

मैं भी बे-कार हूँ और तुम भी हो वीरान बहुत
दोस्तो आज न घर जाओ कि कुछ रात कटे

छोड़ आए हो सर-ए-शाम[1] उसे क्यों 'नासिर'
उसे फिर घर से बुला लाओ कि कुछ रात कटे

1 शाम के समय

अव्वलीं[1] चाँद ने क्या बात सुझाई मुझको
याद आई तिरी अंगुश्त-ए-हिनाई[2] मुझको

1 आरंभिक 2 मेंहदी लगी उंगली

सर-ए-ऐवान-ए-तरब[1] नग़्मा-सरा[2] था कोई
रात भर उसने तिरी याद दिलाई मुझको

1 ख़ुशियों के महल में 2 गीत गाता हुआ

देखते देखते तारों का सफ़र ख़त्म हुआ
सो गया चाँद मगर नींद न आई मुझको

इन्ही आँखों ने दिखाए कई भरपूर जमाल[1]
इन्हीं आँखों ने शब-ए-हिज्र[2] दिखाई मुझको

1 सौंदर्य 2 वियोग की रात

साए की तर्ह मिरे साथ रहे रन्ज-ओ-अलम[1]
गर्दिश-ए-वक़्त[2] कहीं रास न आई मुझको

1 दुख 2 समय चक्र

धूप उधर ढलती थी दिल डूबता जाता था इधर
आज तक याद है वो शाम-ए-जुदाई[1] मुझको

1 वियोग की शाम

शह्र-ए-लाहौर[1] तिरी रौनक़ें दाइम[2] आबाद
तेरी गलियों की हवा खींच के लाई मुझ को

1 लाहौर शह्र 2 स्थायी

कब तलक मुद्दआ[1] कहे कोई
न सुनो तुम तो क्या कहे कोई
1 मन / चाहत की बात

ग़ैरत-ए-इ'श्क़[1] को क़ुबूल नहीं
कि तुझे बेवफ़ा कहे कोई
1 प्रेम का स्वाभिमान

मिन्नत-ए-ना-ख़ुदा[1] नहीं मन्ज़ूर
चाहे उसको ख़ुदा कहे कोई
1 मल्लाह की याचना

हर कोई अपने ग़म में है मस्रूफ़[1]
किसको दर्द-आश्ना[2] कहे कोई
1 व्यस्त 2 हमदर्द, सहानुभूति रखने वाला

कौन अच्छा है इस ज़माने में
क्यों किसी को बुरा कहे कोई

आरज़ू है कि मेरा क़िस्सा-ए-शौक़[1]
आज मेरे सिवा कहे कोई
1 प्रेम कथा

जी में आता है कुछ कहूँ 'नासिर'
क्या ख़बर सुन के क्या कहे कोई

सर में जब इ'श्क़ का सौदा[1] न रहा
क्या कहें ज़ीस्त[2] में क्या क्या न रहा
1 दीवानगी 2 जीवन

अब तो दुनिया भी वो दुनिया न रही
अब तिरा ध्यान भी उतना न रहा

क़िस्सा-ए-शौक़[1] सुनाऊँ किसको
राज़दारी का ज़माना न रहा
1 प्रेम-कथा

ज़िन्दगी जिसकी तमन्ना में कटी
वो मिरे हाल से बेगाना रहा

डेरे डाले हैं ख़िज़ाँ[1] ने चौ-देस[2]
गुल तो गुल बाग़ में काँटा न रहा
1 पतझड़ 2 चारों तरफ़

दिन दहाड़े ये लहू की होली
ख़ल्क़[1] को ख़ौफ़[2] ख़ुदा का न रहा
1 लोग / लोगों 2 डर

अब तो सो जाओ सितम[1] के मारो
आस्माँ पर कोई तारा न रहा
1 अत्याचार

देख मोहब्बत का दस्तूर[1]
तू मुझसे मैं तुझसे दूर

1 नियम

तन्हा तन्हा फिरते हैं
दिल वीराँ आँखें बे-नूर[1]

1 प्रकाश-रहित

दोस्त बिछड़ते जाते हैं
शौक़ लिए जाता है दूर

हम अपना ग़म भूल गए
आज किसे देखा मज्बूर

दिल की धड़कन कहती है
आज कोई आएगा ज़रूर

कोशिश लाज़िम[1] है प्यारे
आगे जो उसको मन्ज़ूर

1 आवश्यक

सूरज डूब चला 'नासिर'
और अभी मन्ज़िल है दूर

क्या ज़माना था कि हम रोज़ मिला करते थे
रात-भर चाँद के हमराह[1] फिरा करते थे
1 साथ

जहाँ तन्हाइयाँ सर फोड़ के सो जाती हैं
इन मकानों में अ'जब लोग रहा करते थे

कर दिया आज ज़माने ने उन्हें भी मज्बूर
कभी ये लोग मिरे दुख की दवा करते थे

देख कर जो हमें चुप-चाप गुज़र जाता है
कभी उस शख़्स[1] को हम प्यार किया करते थे
1 व्यक्ति

इत्तिफ़ाक़ात-ए-ज़माना[1] भी अ'जब हैं 'नासिर'
आज वो देख रहे हैं जो सुना करते थे
1 दुनिया के संयोग

आज तुझे क्यों चुप सी लगी है
कुछ तो बता क्या बात हुई है

आज तो जैसे सारी दुनिया
हम दोनों को देख रही है

तू है और बे-ख़्वाब[1] दरीचे[2]
मैं हूँ और सुनसान कली है

1 जागते हुए 2 खिड़कियाँ

ख़ैर तुझे तो जाना ही था
जान भी तेरे साथ चली है

अब तो आँख लगा ले 'नासिर'
देख तो कितनी रात गई है

कौन इस राह से गुज़रता है
दिल युँही इन्तिज़ार करता है

देख कर भी न देखने वाले
दिल तुझे देख देख डरता है

शहर-ए-गुल[1] में कटी है सारी रात
देखिए दिन कहाँ गुज़रता है

1 फूलों का शहर

ध्यान की सीढ़ियों पे पिछले पहर
कोई चुपके से पाँव धरता है

दिल तो मेरा उदास है 'नासिर'
शहर क्यों साएँ साएँ करता है

शह्र सुनसान है किधर जाएँ
ख़ाक हो कर कहीं बिखर जाएँ

रात कितनी गुज़र गई लेकिन
इतनी हिम्मत नहीं कि घर जाएँ

यूँ तिरे ध्यान से लरज़ता हूँ
जैसे पत्ते हवा से डर जाएँ

उन उजालों की धुन में फिरता हूँ
छब दिखाते ही जो गुज़र जाएँ

रैन अँधेरी है और किनारा दूर
चाँद निकले तो पार उतर जाएँ

मुसलसल[1] बेकली[2] दिल को रही है
मगर जीने की सूरत तो रही है
1 निरंतर 2 व्याकुलता

मैं क्यों फिरता हूँ तन्हा मारा मारा
ये बस्ती चैन से क्यों सो रही है

चले दिल से उमीदों के मुसाफ़िर
ये नगरी आज ख़ाली हो रही है

न समझो तुम इसे शोर-ए-बहाराँ[1]
ख़िज़ाँ[2] पत्तों में छुप कर रो रही है
1 बहारों का शोर 2 पतझड़

हमारे घर की दीवारों पे 'नासिर'
उदासी बाल खोले सो रही है

वो दिल-नवाज़[1] है लेकिन नज़र-शनास[2] नहीं
मिरा इ'लाज मिरे चारा-गर[3] के पास नहीं

1 दिल को तसल्ली देने वाला 2 नज़र पहचानने वाला 3 इ'लाज करने वाला / डॉक्टर

तड़प रहे हैं ज़बाँ पर कई सवाल मगर
मिरे लिए कोई शायान-ए-इल्तिमास[1] नहीं

1 प्रार्थना करने योग्य

कभी कभी जो तिरे क़ुर्ब[1] में गुज़ारे थे
अब उन दिनों का तसव्वुर[2] भी मेरे पास नहीं

1 निकटता 2 कल्पना

गुज़र रहे हैं अ'जब मर्हलों[1] से दीदा-ओ-दिल[2]
सहर[3] की आस[4] तो है ज़िन्दगी की आस नहीं

1 हालतों 2 आँखें और दिल 3 सुब्ह 4 आशा

मुझे ये डर है तिरी आरज़ू न मिट जाए
बहुत दिनों से तबीअ'त मिरी उदास नहीं

दुख की लह्र ने छेड़ा होगा
याद ने कंकर फेंका होगा

आज तो मेरा दिल कहता है
तू इस वक़्त अकेला होगा

मेरे चूमे हुए हाथों से
औरों को ख़त लिखता होगा

भीग चलीं अब रात की पलकें
तू अब थक कर सोया होगा

रेल की गहरी सीटी सुन कर
रात का जंगल गूँजा होगा

शह्र के ख़ाली स्टेशन पर
कोई मुसाफ़िर उतरा होगा

आँगन में फिर चिड़ियाँ बोलीं
तू अब सो कर उट्ठा होगा

यादों की जलती शबनम से
फूल सा मुखड़ा धोया होगा

मोती जैसी शक्ल बना कर
आईने को तकता होगा

शाम हुई अब तू भी शायद
अपने घर को लौटा होगा

नीली धुंदली ख़ामोशी में
तारों की धुन सुनता होगा

मेरा साथी शाम का तारा
तुझ से आँख मिलाता होगा

शाम के चलते हाथ ने तुझ को
मेरा सलाम तो भेजा होगा

प्यासी कुर्लाती कूंजों[1] ने
मेरा दुख तो सुनाया होगा

1 सारस प्रजाति का पक्षी

मैं तो आज बहुत रोया हूँ
तू भी शायद रोया होगा

'नासिर' तेरा मीत पुराना
तुझ को याद तो आता होगा

ग़म है या ख़ुशी है तू
मेरी ज़िन्दगी है तू

आफ़तों के दौर में
चैन की घड़ी है तू

मेरी रात का चराग़
मेरी नींद भी है तू

मैं ख़िज़ाँ की शाम हूँ
रुत बहार की है तू

दोस्तों के दर्मियाँ
वज्ह[1]-ए-दोस्ती है तू

1 कारण

मेरी सारी उ'म्र में
एक ही कमी है तू

मैं तो वो नहीं रहा
हाँ मगर वही है तू

'नासिर' इस दयार[1] में
कितना अजनबी है तू

1 इ'लाक़ा

क़फ़स[1] को चमन[2] से सिवा जानते हैं
हर इक साँस को हम सबा[3] जानते हैं
1 पिंजरा 2 बाग़ 3 अच्छी हवा

लहू रो के सींचा है हमने चमन को
हर इक फूल का माजरा जानते हैं

जिसे नग़मा-ए-नय[1] समझती है दुनिया
उसे भी हम अपनी सदा[2] जानते हैं
1 बाँसुरी का गीत 2 आवाज़

इशारा करे जो नई ज़िन्दगी का
हम उस ख़ुद-कुशी को रवा[1] जानते हैं
1 उचित

तिरी धुन में कोसों सफ़र करने वाले
तुझे संग-ए-मन्ज़िल-नुमा[1] जानते हैं
1 मन्ज़िल का पता देने वाला पत्थर

‘पहली बारिश’ से

रोते रोते कौन हँसा था
बारिश में सूरज निकला था

चलते हुए आँधी आई थी
रस्ते में बादल बरसा था

हम जब क़स्बे में उतरे थे
सूरज कब का डूब चुका था

कभी कभी बिजली हँसती थी
कहीं कहीं छींटा पड़ता था

तेरे साथ तिरे हमराही[1]
मेरे साथ मिरा रस्ता था

1 सहयात्री

रन्ज[1] तो है लेकिन ये ख़ुशी है
अब के सफ़र तिरे साथ किया था

1 दुख

तुझ बिन घर कितना सूना था
दीवारों से डर लगता था

भूली नहीं वो शाम-ए-जुदाई[1]
मैं उस रोज़ बहुत रोया था

1 वियोग की शाम

तुझ को जाने की जल्दी थी
और मैं तुझ को रोक रहा था

मेरी आँखें भी रोती थीं
शाम का तारा भी रोता था

गलियाँ शाम से बुझी बुझी थीं
चाँद भी जल्दी डूब गया था

सन्नाटे में जैसे कोई
दूर से आवाज़ें देता था

यादों की सीढ़ी से 'नासिर'
रात इक साया सा उतरा था

मुझ को और कहीं जाना था
बस युँही रस्ता भूल गया था

देख के तेरे देस की रचना
मैंने सफ़र मौक़ूफ़[1] किया था

1 स्थगित

कैसी अँधेरी शाम थी उस दिन
बादल भी घिर कर छाया था

रात की तूफ़ानी बारिश में
तू मुझ से मिलने आया था

माथे पर बूँदों के मोती
आँखों में काजल हँसता था

चाँदी का इक फूल गले में
हाथ में बादल का टुकड़ा था

भीगे कपड़े की लहरों में
कुंदन सोना दमक रहा था

सब्ज़[1] पहाड़ी के दामन में
उस दिन कितना हंगामा था

1 हरी-भरी

बारिश की तिरछी गलियों में
कोई चराग़ लिए फिरता था

भीगी भीगी ख़ामोशी में
मैं तिरे घर तक साथ गया था

एक तवील[1] सफ़र का झोंका
मुझ को दूर लिए जाता था

1 लम्बा

मैं जब तेरे घर पहुँचा था
तू कहीं बाहर गया हुआ था

तेरे घर के दरवाज़े पर
सूरज नंगे पाँव खड़ा था

दीवारों से आँच आती थी
मटकों में पानी जलता था

आँगन की दीवार का साया
चादर बन कर फैल गया था

तेरी आहट सुनते ही मैं
कच्ची नींद से चौंक उठा था

कितनी प्यार भरी नर्मी से
तूने दरवाज़ा खोला था

मैं और तू जब घर से चले थे
मौसम कितना बदल गया था

पत्थर का वो शह्र भी क्या था
शह्र के नीचे शह्र बसा था

पेड़ भी पत्थर फूल भी पत्थर
पत्ता पत्ता पत्थर का था

चाँद भी पत्थर झील भी पत्थर
पानी भी पत्थर लगता था

लोग भी सारे पत्थर के थे
रंग भी उन का पत्थर सा था

पत्थर का इक साँप सुनहरा
काले पत्थर से लिपटा था

पत्थर की अंधी गलियों में
मैं तुझे साथ लिए फिरता था

गूँगी वादी गूँज उठती थी
जब कोई पत्थर गिरता था

तन्हाई का दुख गहरा था
मैं दरिया दरिया रोता था

एक ही लहर न संभली वर्ना
मैं तूफ़ानों से खेला था

तन्हाई में याद-ए-ख़ुदा[1] थी
तन्हाई में ख़ौफ़-ए-ख़ुदा[2] था

1 ईश्वर की याद 2 ईश्वर का डर

तन्हाई महराब-ए-इ'बादत[1]
तन्हाई मिम्बर[2] का दिया था

1 पूजा की तोरण 2 मस्जिद का वो ऊँचा चबूतरा जिस पर बैठ कर इमाम उपदेश देते हैं

तन्हाई मिरा पा-ए-शिकस्ता[1]
तन्हाई मिरा दस्त-ए-दुआ"[1] था

1 टूटा हुआ पाँव 2 दुआ का हाथ

वो जन्नत मिरे दिल में छुपी थी
मैं जिसे बाहर ढूँड रहा था

पल पल काँटा सा चुभता था
ये मिलना भी क्या मिलना था

ये काँटे और तेरा दामन
मैं अपना दुख भूल गया था

कितनी बातें की थीं लेकिन
एक बात से जी डरता था

तेरे हाथ की चाय तो पी थी
दिल का रन्ज[1] तो दिल में रहा था

1 दुख

किसी पुराने वहम ने शायद
तुझ को फिर बेचैन किया था

मैं भी मुसाफ़िर तुझ को भी जल्दी
गाड़ी का भी वक़्त हुआ था

इक उजड़े से स्टेशन पर
तूने मुझ को छोड़ दिया था

दिन का फूल अभी जागा था
धूप का हाथ बढ़ा आता था

पीले पथरीले हाथों में
नीली झील का आईना था

ठंडी धूप की छतरी ताने
पेड़ के पीछे पेड़ खड़ा था

धूप के लाल हरे होंठों ने
तेरे बालों को चूमा था

तेरे अ'क्स[1] की हैरानी से
बहता चश्मा ठहर गया था

1 प्रतिबिंब

तेरी ख़मोशी की शह पा कर
मैं कितनी बातें करता था

आँखों में तिरी शक्ल छुपाए
मैं सब से छुपता फिरता था

रात गए सोने से पहले
तूने मुझ से कुछ पूछा था

यूँ गुज़री वो रात भी जैसे
सपने में सपना देखा था

धूप थी और बादल छाया था
देर के बा'द तुझे देखा था

मैं इस जानिब[1] तू उस जानिब
बीच में पत्थर का दरिया था

1 तरफ़

एक पेड़ के हाथ थे ख़ाली
इक टहनी पर दिया जला था

देख के दो जलते सायों को
मैं तो अचानक सह्म गया था

एक के दोनों पाँव थे ग़ाएब
एक का पूरा हाथ कटा था

एक के उल्टे पैर थे लेकिन
वो तेज़ी से भाग रहा था

उन से उलझ कर भी क्या लेता
तीन थे वो और मैं तन्हा था

पिछले पहर का सन्नाटा था
तारा तारा जाग रहा था

पत्थर की दीवार से लग कर
आईना तुझे देख रहा था

बालों में थी रात की रानी
माथे पर दिन का राजा था

इक रुख़्सार[1] पे ज़ुल्फ़ गिरी थी
इक रुख़्सार पे चाँद खिला था

1 गाल

ठोड़ी के जगमग शीशे में
होंठों का साया पड़ता था

चंद्र किरन सी उँगली उँगली
नाख़ुन नाख़ुन हीरा सा था

इक पाँवों में फूल सी जूती
इक पाँवों सारा नंगा था

तेरे आगे शम्अ' धरी थी
शम्अ' के आगे इक साया था

तेरे साए की लहरों को
मेरा साया काट रहा था

तू जब मेरे घर आया था
मैं इक सपना देख रहा था

तेरे बालों की ख़ुशबू से
सारा आँगन महक रहा था

चाँद की धीमी धीमी ज़ौ[1] में
साँवला मुखड़ा लौ देता था

1 रौशनी

तेरी नींद भी उड़ी उड़ी थी
मैं भी कुछ कुछ जाग रहा था

मेरे हाथ भी सुलग रहे थे
तेरा माथा भी जलता था

दो रूहों का प्यासा बादल
गरज गरज कर बरस रहा था

दो यादों का चढ़ता दरिया
एक ही सागर में गिरता था

दिल की कहानी कहते कहते
रात का आँचल भीग चला था

रात गए सोया था लेकिन
तुझ से पहले जाग उठा था

थोड़ी देर को जी बहला था
फिर तिरी याद ने घेर लिया था

याद आई वो पहली बारिश
जब तुझे एक नज़र देखा था

हरे गिलास में चाँद के टुकड़े
लाल सुराही में सोना था

चाँद के दिल में जलता सूरज
फूल के सीने में काँटा था

काग़ज़ के दिल में चिंगारी
ख़स[1] की ज़बाँ पर अँगारा था

1 घास

दिल की सूरत का इक पत्ता
तेरी हथेली पर रक्खा था

शाम तो जैसे ख़्वाब में गुज़री
आधी रात नशा टूटा था

शह्र से दूर हरे जंगल में
बारिश ने हमें घेर लिया था

सुब्ह हुई तो सब से पहले
मैंने तेरा मुँह देखा था

देर के बा'द मिरे आँगन में
सुर्ख़[1] अनार का फूल खिला था

1 लाल

देर के मुरझाए पेड़ों को
ख़ुशबू ने आबाद किया था

शाम की गहरी ऊँचाई से
हमने दरिया को देखा था

याद आईं कुछ ऐसी बातें
मैं जिन्हें कब का भूल चुका था